Gernika bonbatu zuten eguna
Lekukoen testigantzak

Gernikako Bonbaketa Bilduma, 6 Zkia.

Gernika bonbatu zuten eguna

Lekukoen Testigantzak

William L. Smallwood
(Egurtxiki)

Ane Undurragak euskaratuta

Gernikako Bakearen Museoa Fundazioa
Gernika-Lumoko Udala

2017

SMALLWOOD, William
Gernika bonbatu zuten eguna. Lekukoen testigantzak
Gernikako Bakearen Museoa Fundazioa. Gernika-Lumoko Udala, 2017
170 orri; 16x23 zm
ISBN 978-84-945379-3-6
L.G.: BI-299-2017
1. Gernikako bonbaketa – Gerra testigantzak
CDU: 94 (460.152 Gernika)"1937"

> Gernikako Bakearen Museoa Fundazioa
> Gernikako Bonbaketari buruzko Dokumentazio Zentrua
>   Foru plaza, 1
>   48300 Gernika-Lumo (Bizkaia)
>   Tel.: 94 6270213
>   Fax: 94 6258608
>   E-mail: museoa@gernika-lumo.net
>   Web: www.bakearenmuseoa.org
>
> Gernika-Lumoko Udala
>   Foru Plaza, 3
>   48300 Gernika-Lumo
>   Tel.: 94 6270200
>   Fax: 94 6257542
>   E-mail: info@gernika-lumo.net
>   Web: www.gernika-lumo.net

Copyright © 2017 Gernikako Bakearen Museoa Fundazioa / Gernikako Bonbaketari buruzko Dokumentazio Zentrua

Eskubide guztiak erreserbatuak. Egilearen edo editoreen baimenik gabe liburuaren erreprodukzio osoa edo partziala zein kopia, erabilera, distribuzioa, komertzializazioa eta komunikazio publikoa (besteak beste) debekatuta dago.

Lehenengo edizioa Estatu Batuetan egina.

Azala eta diseinua © 2017 TUA & Co.

Lege-gordailua: BI-299-2017
Lehenengo edizioa ISBN-13: 978-84-945379-3-6
Lehenengo edizioa ISBN-10: 8494537938

Liburu hau Maria Angeles "Aingerua" Basaberi eskainia dago, hiru hilabetez, asteko hiru iluntzetan, egileari euskarazko klaseak eman zizkiolako eta, egilea Gernikatik lehen aldiz joan eta gero, biziraun zuten beste berrogeita lau pertsona gehiago elkarrizketatu zituelako. Era berean, Juan Jose Mintegi amerikanuari eskainia dago; Euskal Herrira lekualdatu zena, ingelesezko akademia bat sortu zuena eta "Aingeruaren" elkarrizketak itzultzen eta berauek, bide desberdinak erabiliz, ezkutuan, herritik atera zituena bere karrera arriskatuz.

Aurkibidea

Aurkezpena   9
Esker onak   11
Egileari buruz   15

Sarrera   17
Goiza   21
Arratsaldea   35
Lehen hegazkina   43
Tarteko unea   51
Lehenengo ordua   61
Bigarren ordua   73
Hirugarren ordua   83
Ondorioak   91
Bigarren tragedia: epilogo pertsonala   115

Elkarrizketatutako lekukoak eta biziraun zutenak   139
Argazki-gehigarria   143

Aurkezpena

1937ko apirilaren 26an, astelehenez, berrogeita hemeretzi hegazkinek bonbatu zuten Gernika arratsaldeko 4:20-7:40 bitartean. Iberiar penintsula osoko Francoren aire indarreko bonbaketari eta borrokalarien ehuneko hogeik Gernikaren aurkako atakean parte hartu zuen. Garai hartako hegazkinik modernoenak ziren haiek eta bonbaketak erabat suntsitu zuen herria. 271 eraikin hondatu zituzten, alegia, herriko eraikinen %85,22, eta Gernikako %99 kaltetu zuten. Azoka eguna zen eta Eusko Jaurlaritzak adierazi zuen bezala, atakearen ondorioz, 1937ko apiriletik ekainera bitartean 1.654 hildako erregistratu zituzten Bizkaiko ospitaletan. Guztira, 2.000 lagun baino gehiago hil zituzten Gernikaren kontrako eraso honetan.

Gernika bonbatu eta ordu batzuk geroago, apirilaren 27ko goizean bertan, Francok agindu zuen bonbaketa ofizialki ezeztatzea eta herria gorriek erre egin zutela adieraztea. Ondorioz, erregimeneko agintariak bonbaketaren ebidentzia guztiak borratzen ahalegindu ziren eta ez zuten biktimen gorpuak berreskuratzeko ahaleginik egin, ez eta heriotzak zenbatzeko ere. Gernikako aurri hondakinak mugitzeko lanak ez ziren 1939ko otsailera arte hasi –bonbaketatik bi urtera– eta 1941eko abenduan, oraindik, herri zaharraren garbiketa lanetan zebiltzan gudako gatibuek guztiz amaitu gabe zituzten lanak. Hiru urte luzez 60.000 m³tik gora aurri bildu ostean, erregimen berriko agintariek ez zuten heriotzarik zenbatu. Ondorioz, gure herrikideak, hil eta herriko hondakinen artean enterratuta gelditu zirenak, gogoratuak izateko eskubidea galdu zuten.

Bonbaketaren ostean, Espainiako hegoaldetik apaiz berri bat bidali zuten gure herrira. Pulpitutik egunero errepikatzen zien, gazteleraz, euskal eliztarrei euren bekatuak penitentzia serioz ezabatu behar zituztela, euren etxeak gasolinaz busti eta erretzeagatik eta euren herria arrasatuta gelditzeagatik. Diktadurazko lau hamarkada luzeren ondoren, egi ofiziala Gernika geuk erre genuela izan zen. Eta bonbaketari buruzko Franco ondorengo garaiko historiografiak diktaduraren ezeztapenezko diskurtso murriztailearekin jarraitu zuen. Esan izan da ehun eta hogeita sei pertsona ere ez zirela hil Gernikan. Esan ohi da baita ere berrogeita bost hegazkinek parte hartu zutela eta hogeita zortzi tona bonba jaurti zutela; eta, egun, herriaren %71 hondatu zela errepikatzen ohi da.

Hau guztia erredukzionismo historiografikoaren ondorio latza da, Jose Saramagok gogorarazten duen bezala, ahanztura ereinda jasotzen den uzta axolagabetasuna baita.

Liburu hau Idahoko mendietan Gernikako bonbaketan benetan gertatu zena ikertzeko helburuz euskara ikasten hasi zen lagun hurko baten emaitza da. Mountain Homen (Idaho), William Smallwood "Basilio Egurtxiki" izenez bataiatu zuen John Bideganetak, bigarren belaunaldiko euskaldunak. Ingelesezko Smallwood euskarara literalki itzulita "Egurtxiki" da eta Basilio, Egurtxikirentzat aitaren parekoa izan zen gizonaren izena da: Basilio Iriondo. Iriondo "amerikanua" zen, Far Westeko euskal artzaina. 1971n, Egurtxiki bonbaketari buruzko bere liburua ikertzera etorri zen Gernikara eta 1972ko udaberri-udan hirurogeita hamalau lekuko elkarrizketatu zituen. Udazkenean eta neguan, Maria Angeles Basaberen ahaleginari esker, ehun eta hogeita bederatzi elkarrizketa egitea lortu zuen.

Arrisku handiko lana zen hura, pertsona bat bonbaketari buruz hitz egiteagatik atxilotua eta torturatua izan zezakeelako. Horregatik, elkarrizketa guztiak sekretupean burutu zituzten. 2012 arte ezezaguna izan den istorioa argitaratzeaz harro gaude, biziraun zutenen hitzekin idatzitako istorioa, bonbaketatik laurogei urtera argitaratu dena. 2012an ingelesez izan zen, 2013an gazteleraz eta oraingo honetan, 2017an, euskaraz kaleratzen da.

Roman Herzog presidente alemaniarrak, 1997ko apirilaren 27an, 1937ko alemaniar gobernuaren errespontsabilitateak onartuz mezu bat bidali zuen eta Madrilen Alemaniako enbaxadore zen Henning Wegenerek irakurri zuen, Gernikan, bertan. Gerrak bakearen eta ulermenaren izenean borrokatzen irakatsi zien euskaldunei. Memoria historikoa, barkamena eta elkarrizketa, giza-eskubideak eta praktika demokratikoak errespetatuz gatazka politikoak gainditzeko eta gizatasunaren ulermenerako oinarri solidoa dira, eta Gernikako jendea memoria historikoa babestuz hiri hau nazioartean bakearen sinbolo bihur dadin lanean ari gara.

Bonbaketan hil zuten jendearen memoria bizidunon memorian iraunarazi behar dugu, zaharrenen lekukotzen bidez. Liburu hau norabide horretan joateko ahalegina da, gure arbasoei hitza emateko ahalegina eta, ondorioz, Gernikako bonbaketak eragindako sufrimenduari eta hildakoen ahanzturari buruzko lekukotza berreskuratzekoa.

Xabier Irujo

Esker onak

1971ko irailean, Gernikara iritsi ginenean, Arrien jatetxe hotelean hartu genuen semeak eta biok ostatu. Bertan jaten genuen egunero. Lehenengo egunetik, gonbidatzaile bikaina izan zen Kastor Arrien ugazaba eta han igaro genituen ondorengo hamaika hilabeteetan lagun min egin ginen. Bonbaketako lekukoak eta biziraun zutenak elkarrizketatzen hasi nintzenean, Kastorrek nire ekintzen berri izateaz gain, nire ikerketan laguntzeko helburuz niregana heltzen ziren pertsonen mezuak onartzen zituen. Mezuak idazten zizkidaten eta, gero, Mireni ematen zizkioten, restauranteko zerbitzari nagusiari, zerbitzatzen gintuenean plater azpian ezkutatuta ematen zizkidanak. Nik banekien noiz zen mezu bat niretzat. Nire korrespondentzia jasotzeko tabernara sartzen nintzenean edota restaurantean eserita geundela Miren gure ondotik pasatzen zenean, Kastorrek keinu bat egiten zigun alertan egoteko adieraziz. Zoritxarrez, Kastor gazte hil zen eta diktadorea hil ostean Gernikara egin nituen bisitetan ez nuen esker-onik adierazteko aukerarik eduki.

Garai hartan, Gernikan baziren beste bi bikote, oso bereziak zirenak, eta egindako harremanari esker euren familietan adopzioan hartu bagintuzte bezala sentitzen ginen. Lehenengo, Pedro Gezuraga eta Kontxi Zorrozua ezagutu genituen. Behin erretiroa hartuta, Gernikara itzuli aurretik, Haileyn (Idaho) izan zuten Mint tabernari esker ospe handia lortu zuten. 1958tik 1961era bitartean, hil baino zertxobait lehenago, Ernest Hemingway *Pete* eta Kontxiren miresle argia izan zen; *Pete*rena, zerbitzatzen zituen edari kantitate eskuzabalengatik eta, Kontxirena, taberna hartako atzeko aldeko jangela txikian eskaintzen zituen euskal jakiengatik. Idahoko euskaldunek eman zizkidaten aholkuei esker, Pedro eta Kontxi izan ziren kontaktatu nituen lehenengo bi pertsonak Gernikara lehen aldiz iritsi nintzenean. Iritsi eta gutxira, Pedroren sozietateko lagunartera gehitu nintzen. Eurekin egiten nituen egunean bi bira, tabernaz taberna, eguerdiko ordu batetik ordu bietara ardo zuria edanez eta ardo beltza iluntzean, zazpietatik bederatzietara bitartean. Kontxi segituan bilakatu zen nire arreba, sekula izan ez dudan arreba. Arratsalde askotan, bera bizi zen laugarren pisura arteko eskailerak igotzen nituen. Atera deitzen nuen eta bere egongela txikian esertzen nintzen aholkuak entzuteko, nebek arreba zaharrago eta jakintsuagoekin egiten duen modura. Geroago, nire bisitak eurentzako arriskutsuak izaten hasi zirenean, ez zuten beldur antzik erakutsi, nire ekintzen nondik norakoen berri izanda ere. Alderantziz, ahal zuten guztian lagundu zidaten bonbaketan biziraun zutenekin kontaktatzen eta eurak topatzen.

      Beste bikotea Dr. Jon Aldecocea eta bere emazte eder Rosarito ziren, nire Idahoko lagunik onena zen Dr. John Bideganetaren lagunak. Gernikara heltzean, euren atera deitu eta neure burua aurkezteko aholkua eman zidaten. Hori izan zen laguntasun handi baten hasiera zoragarria. Gainera, nahiz eta Rosaritok elikatu beharreko etxe bete haur izan, nire seme Bill eta biok sarri esertzen ginen bere mahai handian euskal jaki oparoez gozatzeko. Segituan ohartu zen Rosarito txipiroiak beren tintan gustatzen zitzaizkidala eta, horrelaxe, bisitan joaten ginen bakoitzean oparitu egiten zizkidan. Beranduago, biziraun zutenak elkarrizketatzen hasi nintzenean, eta poliziak torturatutako seme bat zuten arren, gure laguntasuna ez zen ahuldu. Hain zuzen ere, Jonek herria bonbatu zuten hegazkin alemaniar eta italiarren marrazkiak jasotzen zituen liburua nire eskuetara iristeko ahaleginean lan handia egin zuen; Mirenek, Arrien restauranteko zerbitzariak, liburua gure logelan utz zezan lortu zuen Jonek. Eta albiste ona da hau idazten ari naizenean biak bizirik egotea (2012ko maiatza), Jonek ehun urte baino gehiago dituelako. Beti izan zen txirrindulari amorratua eta susmoa hartzen diot horrek bere bizitza luzean eragina izan duela.

      Modu berean, eskerrak eman nahi nizkioke niretzat berezia den pertsona bati, Teresa Bideganetari, bere gizona itsasoan zegoen bitartean, bi hilabetez, semea eta biok bere pisuan hartu gintuelako. Eskerrik asko, Teri; guretzat etxe zoragarria izan zen.

      Tradizionalki, tabernak gizonen bilgunea ziren astelehenetik zapatura eta, igandeetan, bikoteenak, emakumeak mezetatik irten ostean. Hemendik eskertu nahi nituzke tabernari guztiak eta eurotariko bakoitza, horren adeitsu eta jendekinak izateagatik eta nire moduko *ulegorri* batek, ilegorri batek, laguntza edo aholkua behar zuenean beti laguntzeko prest egoteagatik. Eskerrik asko guztioi, zuok erraztu zenituzten nire egun triste eta estresez beterikoak.

      Auzoko askok lagundu ninduten, une batean edo bestean, baina ez nintzen ausartu euren izenak idaztera, nire lanaren arriskuaren eraginez poliziak logela miatu eta nire paper zorroko dokumentuak deskubri zitzakeelako. Orain, berrogei urte beranduago, ezin ditzaket memoriatik izen horiek guztiak errekuperatu. Hori dela eta, pertsona horiek guztiek egindakoa eskertzeko, esker-onak jasotzen dituen orrialdera zuzentzen dut irakurlea, bertan eskertzen baititut, bihotzez, gehien lagundu ninduten bi pertsona. Era berean, epilogo pertsonalera

Aurkezpena

zuzentzen dut irakurlea, alegia, ikerketaren historia azaltzen dudan tokira. Eta, azkenik, baita apendizera ere, bertan azaltzen baitira elkarrizketatu ahal izan nituen lekuko eta biziraun zuten guztiak, izenez eta ezizenez, banan bana aipatuta.

Azkenik, William M., harro sentitzen den aita batek, urte betez lagundu zion semearen lana aitortu eta eskertu behar du. Nik atera nuen Idahoko eskolatik, bederatzigarren gradua bukatu berri 15 urte zituela, eta bere egiteko bakarra urte horretan gaztelera ikastea izan zen. Bete zuen egitekoa, baina heltzen lagundu zioten beste gauza asko ere egin zituen. Adibidez, erbestean zegoen Lehendakaria elkarrizketatzen egon nintzen bitartean, Parisen, metroa hartuta museoak eta katedralak ikusten jardun zuen, bi egunez, bere kaxa. Geroago, Gernikan igaro nituen azken egunetan, gertuko lagun baten ezkontzan gelditu zen, hain zuzen ere bere hamaseigarren urtebetetze egunean, autoa Ameriketara ontziratzeko Le Havrerako bidean autoa gidatzen nengoela. Gero, Parisera joan zen autobusez eta trenez, hiria zeharkatu zuen metroz eta Luxenburgorako trena hartu zuen, nirekin bildu eta etxeranzko itzulerako hegaldia hartzeko. Bere adineko mutiko batengan ohikoa zena baino gehiago heldu zenez, ez nintzen kezkatu bakoitza geure aldetik ibili ginen uneetan. Berrogei urte beranduago, pertsona zoragarri bat izatera heldu da eta uste osoa dut Gernikan igaro zuen frogako urte hark lagundu diola gaur dena izaten.

Egileari buruz

Wiliam L. Smallwood ia hirurogei urtez bizi izan da euskaldun artean Idahon. 1965ean, Mountain Homeko ospakizun batean, euskal amerikanu talde batek ohorezko euskaldun izendatu eta Basilio Egurtxiki izenez bataiatu zuten (Basilio bere adopzioko aita Basilio Iriondogatik eta Egurtxiki bere ingelesezko abizena literalki euskara itzulita: "wood" egurra eta "small" txikia). Egurtxikik gai desberdinetako hogeita lau liburu argitaratu ditu. Argazkian Jon Beiztegirekin ari da solasean; gerra sasoian Loiola Batailoiko komandante izan zena, euskarazko *Agur* egunkariaren sortzaile eta editore izan zena eta klandestinitatean Eusko Alderdi Jeltzaleko buruzagia izan zena. Beiztegi komandanteak ahalbidetu zuen egileak hainbat gudari ezagutu eta elkarrizketatzea, hain zuzen ere liburu honetan azaltzen diren kontakizunak. Gaur egun, uda igarotzen duen Sun Valley (Idaho) eta negua pasatzen duen Wickenburg (Arizona) artean bizi da egilea.

Jon Beiztegi (ezkerrean) Egurtxikirekin izan zituen hainbat elkarrizketatako batean. Jose Ramon Azurmendiren argazkia.

Sarrera

1936ko uztailean, orduantxe hasi zen gerra, askotan errepikatu izan den patroiari jarraituz. Jeneral talde bat, isilpean konspiratu ondoren, indarrean zegoen gobernua indargabetzeko altxatu zen. Jaioberria zen errepublika altxamendu, greba eta erregionalismoen eraginez urratuta eta indargabetuta zegoen. Esperientziarik gabeko politikariek ez zuten gaitasunik eta ezta balorerik ere izan Errepublika plano seguruago batera eramango zuten akordiorik egiteko. Hala ere, hasiera batean, jeneralek ez zituzten euren helburuak bete, arrakasta partzialak baino ez baitzituzten izan. Uztailaren amaieran, estatuko zati handi bat, Madrilgo hiriburua eta Bartzelona, Granada, Toleko eta Alikante bezalako hiriak barne, oraindik errepublikako gobernuaren mende zeuden. Abuzturako bi alderdiek hiru aukera zituzten: estatua bi gobernutan banatu, amore eman edo garaipenak herrialdea batu arte borrokan aritu. Bi alderdien ohoreak eta pasioak lehenengo bi aukerak baztertu eta hurrengo hiru urteetan borroka higatzailea, mingotsa eta fratrizida izan zen.

Gerrak, denboraz aparte, gauza gehiago ere kontsumitzen ditu eta gerra hark zorigaiztoko apetitua eta singularra izan zena eragin zuen. Indar blindatuak, armamentua eta hegazkinak hasi ziren sartzen, bi toki zehatzetik eratorritakoak. Italia faxistak eta Alemania naziak jeneral errebeldeei gerrako materiala bidali zien, berau erabiltzen zekiten aditu-talde batekin batera. Sobietar Batasunetik, Espainiako Partidu Komunista indartzeko helburuz, armamentu bera iritsi zen, hain zuzen ere Errepublikako urre erreserbak erabilita erosi zutena. Teknikariak eta aholkulari militarrak ere etorri ziren. Mendebaldeko demokraziek gerrako boluntarioz osatutako brigadak bidali zituzten. Boluntario hauek arrazoi batengatik hiltzeko prest zeuden, baina armamentua hornitzea ukatu zuten eta gerrak iraun zuen bitartean, neurri batean behintzat, neutraltasunez mantendu ziren.

Gerrak indarkeriazko orgiak eta izua eragin zituen, gudu-lerroen atzean. Errepublikaren eremupeko eskualdeetan, batez ere Katalunian, fabrika-langile eta nekazal lurretako langileek merkatari txikien, enpresa jabeen eta lurjabeen sarraskia probokatu zuten; batetik, propaganda anarkistak eta komunistak eta, bestetik, lan-baldintza atzerakoiak akuilatuta. Eliza katolikoa, espainiar aristokrazia tradizionalaren aliatua, giro nahasi haren biktima izan zen. Elizak erre eta moja eta apaizak erail zituzten, askotan jai-giro makabroan. Nazionalek kontrolatutako zonaldeetan (alderdi errebeldeko jeneralek aukeratutako izen egokia), anarkisten, komunisten, sozialisten, sindikalisten, masoien eta errepublikazale liberalen aurkako gorrotoak modu metodikoago batekin eragin zituen hilketak. Hasierako hilabeteetan epaiketarik gabe eta, gero, tribunal politiko eta gerrako aholkuen aurrean egindako epaiketa faltsuak egin zirelako, aurrez aipatutako erakundeetako milaka gizabanako fusilatu eta egurtu zituzten, egindako delituen arabera.

Bizkaia eta Gipuzkoa, hasierako hilabeteetan, desordena eta harategi hartatik libratu egin ziren. Euskaldunek, jabeak ziren antzinako herria, eta, beharbada, berdintasunean oinarritutako munduko kultura zaharrenarekin eta autogobernurako sekulako borondatearekin, Erdi Aroan hasi eta garai industrialera arte iraun zuen klaseen arteko gorrotoaren hedapena oztopatzen jakin izan zuten. Horregatik, doktrina faxistak, anarkistak eta komunistak ez zuen oihartzun handiegirik izan euskal langileria eta nekazariengan. Estatuko gainerako nazioekin alderatuta euskaldunak granitozko mendiak bezalakoak ziren, gorrotoz eta biolentziaz betetako estatu eroaren erdian zegoen herri sendoa, egonkorra eta kontserbadorea zelako euskaldunena. Deboziozko katolikoak ziren euskaldunak eta landa-guneetan, bereziki, apaizeriari oso lotutakoak.

Hala eta guztiz ere, euskaldunek euren helburuak betetzen jakin izan zuten. Errepublikaren aldekoak ziren arren, proiektu politiko propioak babesten zituzten. 1936ko udazkenean, Errepublika borroka bizian zegoela, euskaldunen ahaleginak materializatzen hasi ziren, hain zuzen ere, Errepublika euskaldunek eskatutako autonomiarekin bat etortzen hasi zenean. Errepublikako gobernuak, trukean, errebeldeak eraitsi arte euskal gobernua babesteko konpromisoa eskaini zien. Euskal autonomia, Euzkadi izenez deitua, 1936ko urriaren 7an gorpuztu zen. Bere ibilbidea Gernikan hasi zuen, Bizkaian. Eta zergatik Gernikan? Mendeetan zehar Bizkaiko herri desberdinetako ordezkariak bertako juntetxean biltzen zirelako goberanuko gaiez aritzeko, hain justu Gernikako haritzaren azpian. Haritzaren azpian sinatzen zuen Gaztelako monarkiak, edo euren ordezkariek, euskal lege tradizionalak, foruak deiturikoak, errespetatuz jarraituko zuela. Gernikako haritzak Bizkaitik kanpora ez zuen funtzio ofizialik betetzen, baina euskaldunentzako askatasunaren sinbolo bihurtu zen eta Gernikako herria hiri santu. Horrela, zoriak aukeratuta, errebeldeen okupaziorik gabeko euskal herrietako ordezkariak Gernikan biltzen ziren, euskal autonomia finkatu eta presidentea aukeratzeko.

Jaurlaritzako Lehendakariak eta bere kabineteak, Gernikako haritzaren azpian kargua hartu zutela sinatu ostean, Bilbora lekualdatu

Sarrera

zuten egoitza, gobernu berriaren eskakizunetarako hornikuntza egokiagoa zutelako. Gobernua bere biziraupena kolokan jartzen zuten arazoei irtenbidea bilatzen hasi zen, benetakoa eta xumea zen euskal eraginkortasunez. Bilbok, gerrako itsasontzi errebeldeez blokeatuta eta errefuxiatuz gainezka, ez zuen jaki-hornidurarik. Bertako gudarostea, prestakuntza militarrik gabeko euskal nazionalistez osatutakoa, armarik eta muniziorik gabe zegoen. Heroikotzat hartu zen itsasontzi ingeles batzuen laguntzari esker Euskadiko gobernuak itsas blokeoa saihetsi izana, aipatutako bi arazoei irtenbidea emanez. Era berean, tropa nazionalek euren lurraldea ez hartzeko defentsan aritu ziren etsituki.

1936ko udazkenean eta 1937ko neguan, euskaldunek zortea izan zuten. Nazionalak, Francoren gidaritzapean, Madrid eta oro har peninsulako hegoaldean Errepublikaren gobernua zuten zonaldeak hartzeko lanetan zebiltzan. 1937ko udaberrian, Emilio Mola jeneralak, euskaldunak menderatzeko helburuz, Bilbo hartzeko eta Bizkaia konkistatzeko kanpaina abiatu zuen; burdin meategiak eta altzairu industria deseatua zituen lurraldea. Euskaldunen aurkako indar nazionalen erasoa martxoaren 31n hasi zen. Goizeko 7:30ean, bederatzi bonbaketarik gudu-lerroaren atzean zegoen Durango bonbatu zuten. Biztanle askoko herri hartako berrehun pertsona inguru hil ziren eta askoz ere jende gehiago hurrengo egunetan zehar. Ordu batzuk geroago, Otxandio inguruetako mendietan lubakian babestuta zeuden euskal tropak kolpekatzen hasi ziren. Bonbaketak jarraitu egin zuen, orduz ordu, eta infanteriazko tropak babestuko zituen aire bidezko ekintza hark izan zuen balore estrategikoaz jabetzeko lezioa izan zen. Gauerako, mendietan kokatua zegoen euskal defentsaren lerroa, fina, baina estrategikoki jokatzeko prestatua, arrakalatzen hasi zen. Infanteria errebeldea, boluntario italiarrez babestua, defentsa lerroko arrakaletatik sartzen hasia zen.

Eredu berak jarraitu zuen apirileko lehen astean. Hegazkin alemaniarrek, artilleriaren paper tradizionala betez, euskal lerroak mailukatzen jarraitu zuten. Euskal gudulariak babestuko zien abiazio eta hegazkinen aurkako defentsa gabe zeuden, erabat durduzatuta eta izututa, eta Bilborantz erretiratzen joan ziren. Bertan, Burdinazko Gerrikoa izenez deituriko gotorlekua antolatu zuten: zementuzko eraikinez egindako gerriko baten antzera, euskal defendatzaileen azken gotorleku estrategiko modura erabiliko zuten.

Klimatologiak eta zoriak ere izan zuten eragina borrokan. Bizkaiko Golkoko laino gris handiak barrurantz sartzen ziren eta, hegazkinek zeharkatu behar zuten lurra malkartsua zenez, errebeldeen aire-eragiozioak oztopatzen zituen, batzuetan baita gelditu ere. Horrek arnasa hartzeko balio izan zien. Deskantsua hartu, nekatuta zeuden tropak berriz hornitu eta fronteko lerroak berregin zituzten. Etsaiari irabazitako une hori esperantzari eusteko baliatu zuten, pentsatuz Errepublikako gobernuak airez jazartzen ari zitzaien etsaien aurka egiteko hegazkinak emango zizkiela. Haatik, udaberria heltzean, eguraldiak hobera egin zuen (1937ko apirila ohikoa baino lehorragoa izan zen) eta errebeldeen hegazkinek berriz egin zuten eraso. Udaberriko eraso erabakigarri honetan, euskaldunekin borrokatzeko aukera egin zuten bi batailoi anarkistak. Elorrio inguruetan kokagune estrategikoak zituztenak euskal gobernuarekin ez zetozela bat erabaki zuten. Desadostasunei, soilik, modu honetara egin ziezaioketen aurre: pertsona bakoitza gudu-lerroetatik aldenduta eta banan bana Bilbora joanda. Horrek eragin larriak izan zituen, anarkistak erretiratzeak gudu-lerroak bitan zatitu zituelako; arretarik gabe gelditu ziren. Bide horietatik sartu ziren tropa errebeldeak eta tropa euskaldunek atzera egin behar izan zuten ez gelditzeko inguratuta.

Hori izan zen euskaldunen amaieraren hasiera. Ordura arte, euren lurra babesten ari ziren armarik gabeko gizon etsituak mendi goiak kontrolatzeko gai ziren, etsaiak hasiak zirelako, ordurako, mendiotako atzeko aldetik sartzen. Lerroak abandonatzea edo Gernikako hegoalde eta ekialdeko mendi baxuagoetan berriz elkartzea ziren alternatibak. Euskal batailoien artean ez zegoen komunikaziorik eta mezulariek egiten zuten ibilbidea etengabe atakatzen zuten ehiza-hegazkinek. Komandanteen esperientziarik eza eta ezintasuna gehitu behar zitzaizkion. Horrela, Oiz mendian eraginkorra izan zitekeen lubaki-gunea, eta erabakigarria izan zena, barreiatu egin zen. Apirilaren 25ean, Mola jeneralak, zeruko operazioak guztiz kontrolatzen zituenak eta gutxienez eskuadroi bat berari informazioa bidaltzeko zuen gizonak, bazekien euskal tropak erretiratzeko bidean zirela. Bazekien baita ere euskal tropak ezin zitezkeela berriz bildu eta ezin zezaketela lerro adierazgarri bat sortu Gernikako mendebaldera edo Bilbo inguratzen zuen Burdinazko Gerrikora heldu arte; Gernika ez zen eremu horretan sartzen.

Mola jeneralak eta Kondor Legio alemaniarrak Gernikarako operazio plana egina zuten. Egoera militarrarekin zerikusi askorik gabeko operazioa zen eta euren tropek herria hartu aurretik gauzatu behar zuten maniobra. Plan hura apirilaren 26an, astelehenez, bete zuten.

Goiza

26ko goizeko bostetan telefono dei bat erantzuteko ordenantzak itzartu ninduen. Bilboko kuartelean nengoen. Une hartan, Euskadiko errepublikarren armadako buruzagitzako euskal nazionalisten artean maila altueneko ofiziala nintzen. Bera telefonoaren bestaldean zegoen. "Etor zaitez kuartel nagusira segituan", agindu zidan. Agudo jantzi nintzen eta minutu gutxiren buruan han nengoen. Komandanteak gaua esna pasatu zuela zirudien. "Markinako hegoaldeko lerroa apurtu egin da", esan zuen. "Durango eta Berriz hartu dituzte. Markina, Bolibar eta Arbatzegi-Gerrikaitz bonbatu dituzte. Erretiratutako tropekin ea lortzen duzun defentsarako lerro bat sortzea. Ibaizabal Batailoiak Arbatzegi inguruetan egon behar du. Bere komandantea, Arana tenientea, Gernikan dago. Bila ezazu eta lortu bere batailoia Oiz mendira eramatea. Saseta Batailoiko konpainia bat Gernikan dago deskantsatzen eta baita batailoiko komandantea bera ere, Amunarriz tenientea. Bidal itzazu Amunarriz eta bere konpainia, Ibaizabal Batailoiarekin batera, Oiz mendira". Laguntzaile batekin batera segituan abiatu nintzen. Bilbotik Arbatzegira kotxez joan ginen eta 8:00etarako bertan geunden.

Erretiratutako tropak alde guztietan zeuden: errepideetan, zelaietan eta baserrietan lotan. Ez zuten moral onik eta goiz osoa euren ofizialekin berba egiten jardun nuen erretiroa saihesteko. Gizon haiek guztiak Arbatzegi-Gerrikaitz errepidearen goiko aldean dagoen mendikatean bildu nahi nituen, gudu-lerro batean.

Arbatzegi-Gerrikaitz inguruan nengoela, bezperaz abiazio alemaniarrak burutu zuen ekintzaren ondorioak ikusi nituen. Hala ere, kalteak ez ziren handiak. Hori bai, atsekabetuta nengoen bezperan zibilen aurka egindako bonbaketarengatik. Ez nintzen asko arduratu euren hegazkinen egoeraz, gainerako ejertzitoa ez bezala. Goiz hartan, beranduago, nire laguntzailea eta biok Heinkel He51 hegazkinek atakatu gintuzten, baina apur bat baino ez gintuzten molestatu. Nik une hartan pentsamendu bat besterik ez nuen: gure tropen erretiroa gelditu eta defentsarako lerro batean elkartu. Oiz mendiagatik ere banengoen arduratuta, noski, Gernikako bailara osoko babeserako gakoa baitzen. Handik zeharkatuz gero, Gernikatik haratago egin beharko genuen atzerantz eta ezingo genuen artilleria eta aire bidezko indarrik gabe defendatu. Halako oso gutxi genuen eta azken honetako ezertxo ere ez.
(Sabin Apraiz)

Gernika bonbatu zuten eguna

Astelehen goiz hura, ohiko astelehen goiz bat zen niretzat. Zarauzko errefuxiatua nintzen, nire herria Mola jeneralaren tropek hartua zutelako. Beste bi neskarekin batera Bilbora joan nintzen hasieran, baina han zegoen janari gabeziak eraginda Gernikara mugitu ginen 1936an, Loiolako Batailoia han kokatuko zela jakin genuenean. Batailoiko konpainia bat zarauztar gazteek osatzen zuten. Bagenekien arropak garbitzen diru apurren bat irabazteko aukera izango genuela. Lana lortu genuen eta Gernikan lau hilabete inguru egon ginen. Astelehen goiz hartan euren arropa garbitzen geunden.

Gernikako astelehenetan izugarri gozatzen genuen. Azoka egunak ziren, baina hori baino gehiago ziren. Nire haurtzaroko abuztuko Zarauzko jai-egunak bezalakoak ziren. Europa osotik etortzen zen jendea Zarauzko hondartzara oporretan. Egun bakoitza jai-egun bat zen. Gernika horrelakoxea zen astelehenetan. Bizkaiko puntu desberdinetatik jendez gainezka iristen ziren autobusak, jaki eta ganadu bila eta baita dibertitzera ere. Trenak ere, Bilbotik eta inguruetatik, jendez lepo etortzen ziren. Bilbon eta inguruetan janari dendak zituztenek Gernikan erosten zituzten produktu freskoak, aste osoan zehar Bilbon saltzen zituztenak. Gerra hasi zenean, gero eta jende gehiago zetorren Gernikara; errazionatu gabe zeuden jakiak eros ahal zizkieten baserritarrei.

Astelehenetan beti saiatzen ginen gure lana eguerdirako amaitzen. Gero, merkatuan erosketak egiten genituen eta gu bezala errefuxiatuak ziren zarauztarrekin topatzen ginen. Arratsaldean, lagun talde bat kafea edo txokolatea hartzera ateratzen ginen. Ordurako merkatua bukatuta egoten zen eta plazako dantzaldia seiak edo zazpiak aldean hasten zen, pilota partiden ondoren. 26ko goiza atsegina zen. Gogoan dut egiten zuen egunagatik pozik nengoela, banekielako arropa kanpoan esekita sikatu egingo zela. Astelehen zoriontsu bat gehiago izango zela espero nuen, besterik ez. (Uxua Madariaga)

Astelehen goiz horretan behiak jetzi nituen, nire aita gaixorik zegoelako eta nire ama Gernikako azokara eramango zituen oiloak eta beste produktu batzuk batzen zebilelako. Gernikatik zortzi kilometro ipar-mendebaldera bizi ginen, Sollube mendian. Goiz atsegina egiten zuen. Laino gutxi batzuk zeuden arren, eguzkia egiten zuen eta tenperatura leuna zen. Nire amak Altamirako tren-geltokira arte eraman zuen astoa. Han utzi zuen eta Gernikaranzko trena hartu zuen. Produktuak azkar saltzeko asmoa zuen, gero Asilo Calzadan zegoen bere neba bisitatzera joateko; zaurituta zuen eskua sendatzen zegoen. Urkiolatik gertu zegoen frontean ibili zen, italiarren frontea zeharkatu zutenean. Garai hartan, beste anai bat nuen fronteko tokiren batean. Nik

Goiza

14 urte eta erdi nituen eta etxean zegoen mutil bakarra nintzenez nire ardura ziren baserriko lan gehienak. Goiz hartan, idiekin lanean igaro nuen goiza, artoa ereiteko lurra lantzen. (Pedro Gezuraga)

Ni gurasoekin bizi nintzen, herriaren hegoaldean Bilbora bideko errepideko etxe batean. Igandean Mendatara joan ginen, Gernikako ekialdean dagoen herrira, senideak bisitatzera eta harritu gintuen errepidean horrenbeste gudari ikusteak. Nekatuta eta gogogabetuta sumatu genituen eta oso tristea iruditu zitzaigun horrela ikustea.

Astelehen goizean jantzi eta berehala joan nintzen okindegira gure eguneroko ogi errazioa erostera: pertsonako 250 gramo. Ni beti goiz joaten nintzen ilara luzeak ekiditeko, baina goiz hartan 100 metro baino gehiagoko ilara zegoen heldu nintzenean. Hori ez zen ohikoa. Asko eta asko errefuxiatu heldu berriak ziren. Ia ordu bete itxaron nuen eta Gernika bonbatua izateko aukerez berba egiten ari ziren elkarrizketa asko entzun nituen. Errefuxiatuetako batzuk Durangokoak ziren; martxoaren 31n bonbatu zuten Durango. Urduri zeuden eta Gernikako arma fabrikek herriraki suposatzen zuten arriskuaz hitz egiten jardun zuten auzotarrekin. Pistolak eta beste arma batzuk egiten zituen Unceta arma fabrikaren ondoan bizi zen familia bati buruz hizketan ari ziren herriko bizilagunak. Familia horrek Durangoko bonbaketaren berri izan zuenean etxea abandonatu zuen eta Gernikatik kanpo bizi ziren senide batzuen etxera lekualdatu zen familia. Beranduago, hegazkinek gauez ez zutela hegan egiten jakin zutenean, euren etxera itzultzen hasi ziren lotarako. Beste auzotar batzuk esaten ari ziren familia batzuek euren seme-alabak herriko inguruetako senideen baserrietara eramaten zituztela egunez.

Goiz horretan elizako kanpaiak eten gabe joz aritu ziren, baina nik ez nien kasu gehiegirik egin. Beti errepikatuz aritzen ziren, bereziki eguraldi ona egiten zuenean. Uste dut zeruko tokiren batean hegazkinen bat ikusi bezain pronto jotzen zituztela kanpaiak. Une zehatz batean, kanpaiak entzutean, zerura begiratu genuen eta ikusi genituen hegazkinak Gernika ekialdean, Ajangiztik hurbil. Zirkuluan hegan egiten zuten eta gainbehera bizian jaisten ziren. Ez ginen kezkatu. (Pilar Maguregi-P)

Gure neba izan zen abisua iragartzen zuten kanpaiak joz aritzen zena, geroago Bilbotik gertuko borrokaldian hil zena. Bere postua Andra Mari elizako kanpandorrea zen. Bere lana zen herriko mendebaldean dagoen mendiko Aixerrotako bandera gorria zaintzea. Urtarrilaren 4an, Bilbo bonbatu eta gero, hegazkinen zaintzaz arduratuko ziren hainbat gudari bidali zituzten mendi hartara. Ez naiz gogoratzen goiz hartan

Gernika bonbatu zuten eguna

zenbat aldiz jo zuten kanpaiek. Ez genien atentziorik jartzen. Ordura arte ez ginen inoiz euren babeslekura sartu. Markinara bidean zihoazen hegazkinak ikusi genituen, baina ez ginen kezkatu.

    Nik hamabost urte baino ez nituen 1937ko apirilaren 26an. San Juan elizaren kale ondoko kantoian bizi ginen. Aurreko igande arratsaldean Mendatan izan ginen senide batzuk bisitatzen. Handik bueltan, Gernikako errepidean eta kaleetan, gudari asko ikusi genituen. Giroa okertzen zegoela susmatu genuen, berehala etengabeko arriskua zetorrela. Tristura kolektiboa nabari zen. Nire aita Gernikako alkatea zen eta herrira iristen ziren gudariengatik bere eskuetan zegoen guztia egin zuen. Horietariko lau gure etxean hartu genituen.

    Ez dut inoiz ahaztuko nola jokatu zuen nire aitak goiz hartan. Amari eta guztioi behin baino gehiagotan ohartarazi zigun kontuz ibiltzeko eta hegazkinen inguruan egiten zituzten oharrak tentuz jarraitzeko. Bera goizeko 10:00ak aldera joan zen lanera eta 10:30 aldera kanpai hotsak entzun genituen. Bere oharrak jarraituz, Arana kondearen babeslekura eraman gintuen amak. Arana kondearen etxandiko sotoan zegoen babeserako tokia, gure pisutik ehun metrora zegoena. Ama, bi neba, ahizpa bat eta ni joan ginen bertara. Han geundela, nire aitaren esana betetzen polizia bat etorri zen eguna txarto zetorrela eta bertan gelditzeko esanez. Handik denbora batera nire ama urduritzen hasi zen. Azkenik, joan egin zen, etxean egiteko zituen lan guztiak zirela eta. Herriko erdiguneko denda batean lan egiten zuen nire ahizpa batengatik ere kezkatuta zegoen ama. (Deunore Labauria)

    Ni Gernikako udal arkitektoa nintzen eta 26ko goizean Bilboko nire bulegotik Gernikara joana nintzen. Aurreko urteetan herriko zenbait eraikin eta txalet diseinatu nituen, baina frontoi berriagatik sentitzen nintzen harro, garai hartan munduko frontoi itxi handiena zelako. 1937ko urtarrilean, Gernikako herritarrentzako izango ziren bonben babeslekuak diseinatzeko eta ikuskatzeko ardura eman zidaten. Eta goiz hartan herrian nengoen, udal batzordea babesleku horien egoerari buruz informatzeko.

    Babesleku guztiek antzerako eraikuntza zuten. Bi metro eta erdiko altueradun eta 35 zentimetroko diametrodun pinuzko enborrek osatzen zuten oinarria. Diametro bereko beste enbor batzuk ziren sabaia eusteko zutabeak. Enborren gainean bost milimetroko altzairuzko plantxak ezartzen ziren eta gainean hondarrezko zakuekin egindako bi kapa. Kasu batzuetan, adibidez, udaletxean eta Arana kondearen etxandian, eraikuntza hori lehenengo solairuan edo eraikinaren sotoan egiten zen; harriz egindakoak ziren, sendoki. Hala ere, hobetu egin genituen beste toki batzuk ere. Esaterako, herriko erdiguneko Andra

Goiza

Mari kale estua, Barrenkale eta Artekale bitartean dagoena; erabat estalita zegoen eta babesleku modura erabiltzen zen. 40 metroko luzera zuen eta kale bietatik sarrera. Izan ere, estalitako kalea zen. Babesleku hau, hain justu, apirilaren 26an amaitu gabe zegoen bakarra zen. Goiz horretan, Bilbo ondoko fabrikatik heldu behar zuten altzairuzko plantxak heldu gabe zeudela adierazi nien komisarioei, baina hondarrezko zakuak enborren gainean jarrita zeudela. Bukatu gabeko babesleku horrekin ez nengoen guztiz konforme, baina ezin nuen gehiagorik egin. Aritu nintzen fabrikara deika behin baino gehiagotan eta egun gutxi barru helduko zirela hitzeman zidaten.

Babesleku seguruenak Plaza de la Unión edo Pasilekuko mendebaldean zeuden. Alde honetako pareta mendiko mazelan eusten zen. Koba itxurako lau babesleku soilik induskatu genituen mendiko mazelan. 10 metroko sakontasuna zuten. Oraindik ikus daiteke zirkuluerdi formako sarbide lerroa, gerora blokeatua izan zena. Lau babesleku hauek azoka inguruko jendearentzako eta azokakoentzako ziren. (Kastor Uriarte)

Ni Saseta Batailoiko Zarragoitia konpainiako gudaria nintzen. Metrailadoredun konpainia ginen, batailoiko beste bi konpainiak bezala. Urkiola inguruan gogorki borrokatu genuen eta Gernikara bidali gintuzten lau eguneko deskantsua egitera. 23an, ostiralez, heldu ginen eta agustindarretan kokatu ginen; aurrez eskola txiki bat izandakoa, aita agustindarrek zuzendutakoa. Bermeorako bidean zegoen, herriko erdigunetik kilometro erdira baino gutxiagora.

Guztiok Gernikan egoteagatik pozik geunden. Uste dut ostiral osoa lotan pasa genuela eta baita larunbataren parte handi bat ere. Igande arratsaldean herrira desfilatzera joateko animatuta geunden; kantuan eta bromak egiten jardun genuen ibilbide osoa. Jendea gu sortzen ari ginen parrandari gehitu zitzaion eta gure dantza tradizionaletako batzuk dantzatu genituen San Juan plazaren aurrean, jendetzaren aurrean.

Herrian ohikoa baino jende gehiago zegoen. Donostiako errefuxiatuak ikusi genituen. Gutako gehienak hangoak ginen.

Astelehen goizean esnatzean, eguna argitsu eta eguzkitsu zetorren. Garai hartan esaerak honela zioen: "Cielos azules significa tres motores". Egun eguzkitsuetan gure fronteak etengabe bonbatzen zituzten hiru motorreko Junker Ju52ei egiten zien erreferentzia esapideak. Irrikaz egoten ginen egunak lainotsuak eta euritsuak izan zitezen, baina udaberri hartan ez ziren asko izan horrelakoak. Alemaniarrei ez zitzaien gustatzen hegan egitea eguraldi txarra egiten zuenean.

Gernika bonbatu zuten eguna

Ohiturari jarraituz, goiz hartan meza ospatu genuen gure kuartelean. Gero, denbora gehiena gure etzalekuetan etzanda igaro genuen, inorentzako garrantzitsuak ez ziren gaiez hizketan. Data haietan ez zuen inork gutunik idazten. Denbora gehiena elkarri bromak egiten pasatzen genuen. Goizean zehar, Roke Amunarrizek, gure batailoiko komandanteak, gure kuartel atzean zegoen mendirik altuenera bidali gintuen ni eta beste batzuk, hango mazelan gure metrailadoreetako bat jartzeko. Komandante honi, beranduxeago Bilbo inguruetan hil zenari, errespetatu handia zioten. Berak Gernikan zerbait gertatuko zela susmatzen zuen. Zulo bat zulatu eta metrailadorea jarri genuen, montura bereziz eta gora begira, abiazioaren aurka egiteko. Txekoslobakiako Skoda bat zen, Lehen Mundu Gerran erabilitakoa. Hegazkinen aurka egiteko herrian zegoen arma bakarra zen. (Faustino "Basurde" Pastor)

Nire aita Fernando Arana zen, baina Bizkaia osoan "Catarro" izenez ezagutzen zuten. Gaztea zela, behin, karta partida batera sekulako katarroa zuela azaldu zen eta, bere lagun batekin batera, diru guztia irabazi zuen. Handik denbora gutxira, jatetxea ireki zuen Gernikan eta izen bera jarri zion. Catarro jatetxea, pixkanaka, ospea hartzen joan zen eta gaur egun, oraindik ere, martxan jarraitzen du; beste toki batean eta nire amak zuzendua.

Nik hamabi urte nituen orduan eta Mungiako eskolara joaten nintzen, baina gerra hartzen ari zen itxuragatik amak etxean gera nendin nahi zuen. Gure bizimodua jatetxearen eta logelen inguruan egiten genuen, goiko logelak alokatu egiten baikenituen. Astelehen goiz hartan logela horietan nengoen, oheak egiten eta txukuntzen. Ez dut gogoratzen nire aita bonbaketen inguruan hitz egiten, nahiz eta susmoak bazituen. Izan ere, etxeko bost ume Gernikako mendebaldean gure senideek zuten baserrira eraman zituzten. Nire aitak inoiz gutxitan hitz egiten zuen gerrari eta politikari buruz. Sentimenduak beretzat gorde behar zituela pentsatzen zuen, baina banekien gudariei maitasun berezia ziela eta, uste dut, gudariek ere bai berari. Jatorra zen eurekin, laguntza ematen zien eta jateko ona izateaz bera arduratzen zen. Erretiratzen zirenean pena handia sentitzen genuen. 25eko, igandeko, arratsaldeaz gehiago oroitzen naiz 26ko astelehen goizaz baino. Badakit bero egiten zuela eta arratsalde eguzkitsua zegoela, gure txoria jatetxe kanpoan baikenuen, espaloian hain justu. Egun eguzkitsuetan kanpora ateratzen genuen. Gudariak erakartzen zituen, berba egiten baitzuen eta baita kantatu ere. Talentu berezia zuen Gernikako Arbola abestia kantatzeko eta horrela irabazten zituen gudari guztiak. Zuhaitz sakratuari buruzko abestia da, gu guztiontzako ereserki nazionala dena. Arratsalde hartaz ondo gogoan dudan irudia da gudariak buztinezko txarro baten

Goiza

inguruan txokolate beroa egiten. Hain justu jatetxe aurreko espaloian zeuden. Txantxetan zebiltzan, barrezka eta kantuan, eta segur aski bisitari batentzako zaila izango zen ulertzea aste luzeetan etenik gabeko borrokaldian aritu ziren soldaduak zirela. Oso zaila da euskaldun baten jai giroko espiritua ahultzea. (Miren Agirre)

Nik euskal ejertzitoko bandan tronpeta jotzen nuen eta Gernikara bidali ninduten; sei edo zortzi hilabete izango ziren han nengoela. *Gudari* aldizkariko artikulu batean irakurri nuen bandarako musikariak behar zituztela eta armadan sartu nintzen boluntario gisa.

Niri Gernika izugarri gustatzen zitzaidan. Herriko jendearentzako kontzertuak eskaintzen genituen eta gure musikari estimu handia zioten. Astelehenero, goizeko 9:00etan, hilen aldeko meza ospatzen zen San Juan elizan. Nik beti abesten nuen meza hartan eta astelehen goiz hartan ere, 26an, han nengoen. Mezatan jendea normalean baino urduriago zegoela jabetu nintzen. Azkar bukatu genuen, eurak irten zitezen. Nik, pertsonalki, ez nien inoiz kanpai hotsei kasurik egiten. Beti zeuden jo eta jo.

Mezaren ondoren, nire neskalaguna Bilbotik trenez noiz iritsiko zain nengoen, urduri. Bera Donostiakoa zen, baina errefuxiatua zen bere familia bezalaxe. Astelehenero Gernikara etortzen zen baserritarrei jakiak erostera. Astelehen hartan, justu, 12:00ak baino lehen iritsi zen. Herria beteta zegoen bera heldu zenean.

Batzuetan Gernika bonbatua izateko zeuden aukerez berba egiten genuen. Jeneral errebeldeek hegazkinetatik botatzen zituzten panfletoen edo irratitik igortzen zuten propagandaren gaineko komentarioek eragiten zuten elkarrizketa hori. Badakit Mola jeneralaren panfletoak bota zituztela hegazkinetatik eta bertan zioten Bizkaia osoa suntsituko zutela euskaldunak errenditzen ez baginen. Garai hartan bazegoen beste esaera bat ere, gure etsaiek zerabiltena: "Cuando las barbas de tu vecino veas pelar, pon las tuyas a remojar". (Gorka Egaña)

Florentina Uribe Artekale Andra Mari kalearekin batzen den kantoiko denda bateko jabea zen. Ni astelehen hartan beretzat ari nintzen lanean.

Astelehenak beti lan gehiagoko egunak ziren, baina egun hartan, bereziki, ohikoa baino lan gehiago izan genuen. Jende askoz gehiago zegoen herrian, baina ez ginen eroso sentitzen. Giro deserosoa zegoen, zerbait gertatuko balitz bezalakoa. Florentina bereziki ezkor zegoen. Bezperaz gudarien bi kapitainekin hitz egiten egon zen eta haiek esan zioten frontea hegoaldean eta ekialdean apurtzen zegoela eta atzerapen askorik gabe tropa errebeldeek herria okupatuko zutela. Astelehen goizean, lanera heldu nintzenean, dendan zerbait gustukoa ikusten banuen hartzeko esan zidan. Gure produktuen artean arropa zegoen eta niri beroki bat interesatzen zitzaidan, ez nuena sekula hartuko. Beste saltzaileei ere gauza bera esan zien, baina ez zuen inork ezer hartu.

Pertsona batzuk, batez ere Radio Sevillan Queipo de Llano jenerala entzuten zutenak, ustezko bonbaketa bategatik zeuden kezkatuta. Beti arrandian aritzen zen esanez bere hegazkin indar errebeldeek Gernika bere abizena bezain besteko lau utziko zutela, baina gutako gehiengoak ez genion kasu gehiegirik egiten. Izan ere, gorrotatu egiten genuen. Hain zen higuingarria! Hala eta guztiz ere, uste dut jendearen gehiengoak interes falta zuela bonbaketaren arriskuaren inguruan. Badakit gudariak etengabe hurbiltzen zitzaizkigula, jakinarazpen kanpaiak entzutean babeslekuetara joateko esanez. Behin eta berriz kanpai hotsak entzun eta ez gintuztela bonbatu ikusi ostean, jende asko gizon horiez barrez zebilen, benetan euren lana betetzen zeudenean. Noski, guk ez genekien "bonbaketa" hitzak zer esanahi zuen, baina gudari batzuek ikusi zituzten Durangoko bonbaketaren ondorioak. Horregatik zeuden hain urduri. Gogoan dut hegazkina entzuten zuten bakoitzean nola egiten zuten korrika kanpora. Hegazkin bat, jakin-min bat; horrela zen. Dibertigarria zen ikustea.

Dendan lan egiten genuen inor ez zen inoiz babesleku batera joana. Ez genuen denda arreta gabe utzi nahi. Zer egingo genuen dendan zegoen jendearekin? Uxatu, alde egin zezaten? Ezin genuen hori egin. Gainera, Andra Mariko babeslekua atearen ondoan zegoen. (Maria Fe Ormaetxea)

Nik hamalau urte nituen eta nire amarekin eta bi anaiekin errefuxiatuta bizi nintzen Bilbon. Nire aita gudaria zen eta Bizkaiko tokiren batean borrokatzen zebilen. Senide batzuekin bizi ginen eta gogoratzen naiz nola entzuten zuten gauero Queipo de Llano jenerala. Irrigarri uzten zuten eta imitatu egiten zioten; beste ezergatik baino gehiago dibertsioagatik entzuten genuen. Oraindik ere bere ahotsa entzun dezaket. Tipikoa zen bezala, bere irratsaioen emisioa honelako gauzekin hasten zuen: "Gabon guztioi, Jainkoaren eta Espainiaren lagun leialok. Errioxa erregio leialeko ardo gorri botila on bat zabaldu dut... eta ardo hau hartzera noa gau honetan eta leialak diren gure nazio kristau handiko soldaduez eta paganoen aurka egiten ari den aurrerapenaz berba egitera noakizue; antikristoa eta gizarteko zabor komunista gure mugen barruko minbizizko etsaiak dira. Hala ere, lehendabizi, utzidazue historia tragiko bat kontatzen". (Martin Ugalde)

Batzuetan, Queipo de Llano entzuten genuen. Amorratzeraino gorrotatzen genuen, beti euskaldunak iraintzen zituelako zera esanez: beti kristauak izan ginela gizarteko zabor komunistarekin nahastu ginen arte. Gure herrialde ederra gure artean zegoen gutxiengo antikristoak suntsitzea lastima zela zioen. Ze amorru ematen zigun! Nolanahi ere, uste dut gure uste sendoei eusteko entzuten genuela.

Gogoratzen naiz nola esan zuen irratsaioaren emisioan Gernikako emakumeak Francoren tropekin maiteminduko zirela herria okupatzen zutenean. "Gure gizonez maiteminduko zarete eta badakit zoriontsu egingo dituzuela, euskal neska onen estiloa horixe delako", esan zuen. Hil egingo nuke. (Juanita Barrutia)

Pedro Zabalaurtena eta bere aitarentzako etxeko lanak egiten ari nintzen. Herriko bi pertsona aberatsenetarikoak ziren eta aita-semeak baino gehiago anaiak ematen zuten. Maria Angeles Garteizekin, Gernikako emakume ederrenetarikoa zenarekin, ezkontzeko puntuan zegoen Pedro.

Zabalaurtenekoen etxean arropa garbitzea egokitzen zitzaidan eguna zen. Etxetik atera eta oinez joan nintzen euren etxera 9:00ak alderako. Ikusi nuenak aurreko egunetan ikusten aritu nintzena are gehiago nahastu zidan. Uste dut astelehen haren bezperako egunetan, gutxienez aurreko bi egunetan, ez nuela lorik egin, fronteko lerroetatik heltzen ziren albiste txar ugariak zirela eta. Ni euskal nazionalista oso aktiboa nintzen –gero bi urte baino gehiago egin nituen kartzelan, nire uste politiko sutsuengatik– eta defentsarako lerroen hausturari buruzko albisteek tristatu egiten ninduten. Dena dela, harrizko azpil batean hasi nintzen arropak eskuz garbitzen eta leihotik ikusten nituen bidetik etengabe zetozen gudariak. Zabalaurtenekoen etxea ekialdeko zonaldeko errepide nagusian zegoen, Errenteriako zubitik gertu. Errenteria Gernikako ekialdean dagoen auzo bat da eta Oka ibaiak herritik banatzen du.

Pedroren auzokide bat guregana etortzen zen Queipo de Llanok halako edo bestelako esan zuela esatera eta gehienetan ez nion kasurik egiten. Jende askok hitz egiten zuen Queipo de Llanotaz eta nahiz eta euskaldunek gorrotatu egiten zuten hark esaten zuena entzun egiten zuten, tropen mugimenduei eta ustezko bonbaketa bati buruzko argibideren bat eman zezakeela uste zutelako. Hala ere, goiz hartan ez nuen nahi berak zioen ezer entzuterik. Umore oso txarrean nengoen eta emakumeari joateko esan nion, nahikoa entzun nuela gizon arbuiagarri hartaz.

Goiz hartan, beranduxeago, alarmetariko batean, gudari batekin hizketan nengoen. "Ez dut uste hemen bonbaketarik egongo denik", esan zuen, "baina egonez gero, sekulako tragedia izango da, hemengo jendea ez baita hegazkinen beldur". Izan ere, herriko ekialdetik kilometro gutxira hegazkinak hegan zebiltzan eta alerta iragartzen zuten kanpai hotsak joka ari baziren ere, jendea ardurarik gabe ari zen kalean. (Trinidad Rementeria)

Ni Kortezubin, Gernikako iparraldean dagoen herri txiki batean, klaseak ematen aritu nintzen, baina Gernikako ekialdeko fronteko lerroak berehala hautsiko zirela eta, amaitutzat eman genituen klaseak. Astelehen goiz horretan amarekin eta izebarekin Errenteriako etxean nengoen; Gernikako ekialdean dagoen auzoa da. Gure etxea Gernikara zihoan errepide nagusian zegoen eta, horregatik, ikusten genituen erretiratzen zeuden gudariak etengabe herria zeharkatzen. Gu gogo biziko nazionalistak ginen.

Igande gauean, esperientzia bereziki tristea izan genuen. Etxe kanpoan geunden Intxarkundia Batailoiko mutil talde bat errepidetik gerturatzen ari zenean. Barrez ari ziren eta txantxaka, baina triste zeuden. Gure kantu zaharren letrak bezalakoak ziren, neska baten mutil lagunak abadetza aukeratu zuela kontatzen zuen historiak. Neskari agur esatean, bere begiek barre egiten dute, baina bere bihotzak negar.

Mutilak zikin zeuden eta arropak apurtuta zituzten. Eurotariko batek eskuan zauria zuen eta ortozik zegoen. Etxera gonbidatu genituen eta nire amak jaten eman zien bitartean nik hankak garbitu nizkien eta baita eskuko zauria ere. Gero, zapata pare bat eman nion eta nire nebaren galtzerdi batzuk; bera orduan Bilbon bizi zen eta.

Biharamunean, nire lagun min Miren Alegria, Alegria medikuaren alaba, gure etxera etorri zen eta euskal gudarostearen egoera tristeaz solasean aritu ginen. Hain pozik eta hain harro sentitzen ginen gure gobernuaz! Gure askatasuna berreskuratzera gindoazen, horrenbeste urtetako Espainiaren mendeko gobernuaren ostean. Eta, orain, irrika hori gure begien aurrean hiltzen ari zela ikusten genuen. Goiz hartan triste geunden, baina ez bonbaketa zetorrela iragartzen zigutelako. (Alisa Jaio)

Nire amak, ahizpa eta biok herriko erdigunera eraman gintuen azokan erosketak egitera. Aurrez ez ginen sekula babesleku batean egon, baina goiz hartan nire ama urduri zegoen eta kanpaiak entzutean Pasilekun zegoen babeslekura sartu ginen bi alditan. Egun hartan jende asko zegoen herrian. Nire begikoa zen pertsona ikusi nuen: pregoilaria. Herriko publizistaren antzeko papera betetzen zuen pertsona zen. Gizon altua zen, musika bandako uniformez janzten zen eta lepoan danborra eramaten zuen eskegita. Izkina batetik bestera joaten zen, danborra jotzen zuen eta intereseko albisteak ahots goran igortzen zituen. Ahots ozena zuen. Haur askok atzetik jarraitzen genion entzuteko, asko gustatzen baitzitzaigun. Berari ere gustatzen zitzaizkion haurrak. Berak bederatzi zituen. (Maria Angeles "Aingerua" Basabe)

Nire anai Ciprik eta biok behin baino gehiagotan entzun genituen kanpaiak goiz hartan –gure etxearen ondoko kalean zegoen, hain zuzen ere, Andra Mari eliza– eta Lumoranzko errepidea hartu genuen herria benetan bonbatzen bazuten leku onean ezkutatzeko. Iturriburuko iturria behin pasata bihurgunea hasten den tokian, errepidearen azpian, estolda handi bat zegoen. Pixka bat gorago, mendian, herriko uren biltegiko isurbidea zegoen. Biok estolda hori probatu genuen eta bonbaketak irauten zuen bitartean ezkutatzeko toki ona zela iruditu zitzaigun.(Juanito Arrien)

Astelehena, apirilaren 26a, nire batailoiarekin, Loiola Batailoia, frontean egon behar nuen. Gernikara bidali ninduten, une horretan nuen gaixotasunetik errekuperatzeko, eta astelehen horretan erabat sendatuta eta energiaz beterik nengoen. Horregatik ez nintzela itzuli uste dut. Bizitza osoan entzunak nituen Gernikako azokari buruzko historiak: pilota partidu onak, dantzak eta herriko neska guztiak. Erabaki nuen, lagun batzuekin batera, beste egun batez soilik gehiago gelditzea.

Goiz ia osoa frontoi berrian pilotan jolasten igaro genuen. Hunkigarria zen halako leku eder batean jolastea. Gogor aritu ginen jolasean eta gustura sentitu nintzen.

Goiz soila ematen zuen. Herrian jende asko zegoen. Kanpaiak gelditu barik zebiltzan joz eta, horrek, noski, urduri jartzen zituen batzuk. Eta gu eurez barrez aritu ginen. (Sebastian Uria)

Igande gauean tristurak, lehen aldiz, zirrara eragin zigun. Gudari batzuk eta errefuxiatu bikote bat gure etxean zeuden. Igande gauean gudariak etorri eta fronteko egoera ez zela batere ona esan ziguten eta herria uzteko agindua zutela. Ordurako, jada, gure familiakoak bezalakoak ziren eta tristuraz betetzen gintuen eurei agur esateak.

Astelehen goizean elizako kanpaiak joka entzun ahal izan genituen. Herriaren inguruan hegan zebiltzan hegazkinak ere entzuten genituen. Haatik, denda ireki eta han gelditu ginen, nire senarra fabrikara zihoan bitartean. Ohikoa zen bezala, seme zaharrena ondoko baserri batera eraman genuen. Seme gazteena nirekin gelditu zen, bera zaintzeko kontratatu genuen umezainarekin batera. (Paula Dirua-P)

Gudarientzako lan egiten zuten neska gazteetariko bat nintzen. Euren arropak garbitzen genituen, janaria prestatu eta sarri eurekin paseatzen genuen. Hain ziren gizon prestuak, ez genuela beldurrik sentitzen. Igande gauean Mertzedeko komentuan deskantsatzen ari ziren bi anaiekin paseatu genuen. Gerrari buruzko gauza latzak kontatu zizkiguten. Etxera heltzean negar egin genuen.

Ni goizeko seietako mezatara joaten nintzen egunero, bi jesuitek, Goikoetxea anaiek, ofizioa euskaraz eskaintzen zutelako gazteleraz beharrean. Arrazoi berarengatik herriko beste asko ere goizean goiz joaten ziren mezatara. Astelehen goizean, elizan geundela, arriskua iragartzen zuten kanpai hotsak entzun genituen. Goiz hartan, beranduago, behin eta berriz jo zuten. Etxetik atera nintzen behin baino gehiagotan hegazkinak ote zeuden ikusteko eta halako batean nire anaiarekin egin nuen topo; gudaria zen eta ekialdetik zetorren. Geroxeago, goiz berean, berak bidalitako zorion mezua jaso nuen. Nire urtebetetze eguna 24an izan zen. (Francisca Bilbao)

  Goizean goizetik giro goibela zegoen. Gudariak frontetik jaisten ari ziren. Oso nekatuta zeuden. Eurotariko talde bati esne pitxar bat eraman nien. Nire amak azokan postua zuen eta beldurtuta zegoen kanpai hotsak etengabe entzuten zituelako goiz osoan zehar. Azkenean, dena batu eta etxera etorri zen. Bere txakurra, toki guztietara beti berekin joaten zena, arraro zegoen egun horretan. Nire amaren ondoan zegoen, berak ere beldurra sentitu balu bezala. (Cruz Sainz)

  Astelehen goizean, nekearen nekez hilda nengoen, oso urduri eta negar egiteko puntuan. Karmele Deuna erietxean egon nintzen, Markinatik ekartzen zituzten mutil zaurituei laguntza ematen. Aurrez, bakarrik oneratzeko erietxea izan zen. Soilik garbitu eta sendatu beharreko zauriak ikusi genituen ordura arte. Egoera zorrozki aldatu zen, igande gauean hasita. Aurrez, ehun ohetik hamar bakarrik zeuden okupatuta. Goizean, aldiz, guztiak zeuden hartuta, odolez beteriko gorputz elbarrituekin. Eta guk ezer gutxi egin genezakeen mutilatutako gorputzengatik. Euregatik ezer gutxi egin genezakeen. Ez geneukan odola isuraldatzeko aukerarik. Egoera normalean anputazioak egin genitzakeen, baina une horretan ezinezkoa zen, arreta behar zuen horrenbeste jende egonda. Gure hiru medikuak pazienteen ebaluazioak egiten ari ziren eta odol-galtze larriak saihesteko lanetan zebiltzan.

  Azkenik, astelehen goizeko 10:30 inguruan, etxera bidali ninduten eta inpresio handia egin zidan kalera atera eta egun argitan jendetza kalean kezkarik gabe ikusteak. Nik emozioak bor-bor nituen eta haiek ez zuten ni ikusten egon nintzen tragediaren gaineko berririk. Ez zekiten tragedia hori eurei gerta ziezaiekeenik. Zuzenean nire etxera joan nintzen, baina ezin nuen jan eta ezta lorik egin ere. Gudarien kamioiak pasatzen ziren San Juan kaletik gertu bizi ginen eta leihotik ikusten genituen. Nik pasatzen ikusten nituen eta mutilek itxura tristea eta zikina zuten. Mutil euskaldunek erremediorik gabeko alaitasuna dute eta euren begien begirada ikustean negar egiteko gogoa pizten zitzaidan.

  Behin, kalera atera nintzen eta Arbatzegirako noranzkoan begiratu nuen; hemendik ekialdera eginez hamar kilometro ingurura dago. Hegazkinak ikusi nituen zirkuluak egiten eta gainbehera bizian. Banekien zerbait latza gertatuko zela. (Angeles Atxabal)

    Astelehenak beti ziren alaiak niretzat, baina astelehen hori ez zen horrelakoa izan. Nik hamasei urte nituen eta domekan nire laguna eta biok zinemara joan ginen. Herriaren iparraldean bizi ginen eta etxerako bidean Karmele Deuna erietxetik pasatzen ginen. Domeka gaueko 21:30 ziren. Udaberriko gau leuna zen, iluna eta isila. Niretzako garairik atseginena zen paseatzeko. Udaberriko iluntzeetan paseatu eta kukuak entzutea oso gogoko nuen.

    Erietxera hurbildu ginenean, espaloia blokeatzen zuen kamioi bat ikusi genuen gure aurrean. Hurbildu ahala kamioi barrutik zetozen zaratak entzuten genituen. Segituan jakin genuen minez zeuden gizonen aieneak zirela eta ikaratu egin ginen. Errepidera atera ginen eta kamioia saihestu genuen. Batzuk erietxetik zetozen, anda gurpildunak ekartzen. Etxera heldu arteko gainontzeko ibilbidea arin egin genuen oinez, elkarri hitzik esan gabe.

    Biharamun goizean, nire amak erietxe aurreko okindegira bidali ninduen. Kamioi batzuk zeuden, baina ez nuen barrura begiratu. Okindegira heltzean, itxaroten ari zirenen ilara luzea zegoen. Asko hitz egiten zuten eta urduri antzematen nituen, baina alai. Ni ez nintzen jai egun batean sentitzen nintzen moduko alai sentitzen. Egun atsegina zen. Nik udako nire soinekorik hoberena neraman soinean, beltza eta zuria. Ilaran geundela kanpai hotsak entzun genituen, baina inork ez zuen ilarako bere postua utzi. Han egon nintzen hiru orduz. (Carmen Zabaljauregi)

    Karmele Deuna erietxeko etxera etorri nintzen astelehen goiz hartan eta egin nuen lehenengo gauza negar egitea izan zen. Ezin nuen saihestu. Gau osoan, zauri lazgarriz beterik zekartzaten mutilak ikusten gogor eutsi nion neure buruari. Ni erizainetako bat nintzen eta ahal genuen guztia egiten genuen, baina ezin genuen ezer egin. Etxe hartan gelditu nintzen onik sentitu nintzen arte. Gero errudun sentitzen nintzen eta erietxera joan nintzen, berriz ere. 9:00ak ziren gutxi gorabehera bueltatu nintzenean eta jende gehiago ospitaleratzen ari ziren. Jende gehiena inguruetako baserrietakoa zen eta aurrez inoiz ez nituen horrelako zauriak ikusi. Batzuk sabelaldearen zati bat irekita zuten, simaurrez eta lurrez beteta. Bagenekien mirari batek soilik salbatuko zituela. Nire aitak jakien denda bat zuen Gernikan eta, horregatik, ikusi nituen gehienak ezagutzen nituen. Auzokideetako batek ezagutu egin ninduen eta bere familiari non zegoen jakinarazteko eskatu zidan. Banekien beste baserritar batzuk trenean iritsiko zirela eta, horrela, tren-geltokira hurbildu nintzen. Trenaren esperoan egon nintzen eta auzokide bati informatu nion.

Harrituta gelditu nintzen baserritarraren eta trenetik jaitsi ziren beste pertsonen jarreragatik. Uste dut ohikoa zena baino jende gehiago zegoela, baina kezkarik gabe sumatu nituen.

Bat-batean, geltokitik urrundu nintzenean, oso nekatuta sentitu nintzen. Etxera joan eta lo gelditu nintzen. (Juanita Foruria)

Arratsaldea

Ferial kalearen beste aldean bizi ginen, astelehenero baserritarrek ganaduaren eta beste produktu batzuen salerosketa egiten duten tokian; zuhaitzez estalitako plaza da, herriaren erdigunean dagoena. Gernikan belaunaldiz belaunaldi pasa den ohitura da astelehenero herri txikietako baserritarrak Ferialera jaistea. Saltokiko postuetan egoten dira arratsaldeko lehen ordura arte tratuak egiten. Gero, euren gustuko tabernetan errondan ibiltzen dira, jatetxe batean edo bestean bazkaldu, euren postura itzuli eta iluntzera arte negozioan aritzen dira.

Egun hori ez zen salbuespena izan, arratsaldeko lehen orduetara arte behinik behin. Eguerdi aldera, birritan entzun nituen iragarpen kanpaiak eta bi alditan Pasilekuan zeuden bi babeslekuetara bidean Ferialetik pasatu nintzen. Ni haurdun nengoen, erabat beldurtuta eta urduri. Hala ere, ez dut inoiz ahaztuko baserritar haien irudia; zutunik zeuden eta taldean. Euren aurretik pasatu ginen, presaz, eta badakit beldurtuta sumatzen zitzaigula. Alabaina, beren hartan jarraitu zuten, hizketan, eurekin zeuden animaliak bezala, lasaitasunez.

13:30 inguruan, justu bazkaria prest zegoela, kanpaiak entzun nituen berriz. Oraingoan babeslekura ez joatea otu zitzaidan, baina senarrari hitza eman nion abisu bakoitzeko babeslekura joango nintzela. Joan nintzen, baina zertxobait berandu heldu nintzen. Bukatuta zeuden hiru babeslekuak jendez gainezka zeuden. Goiz hartan, aurrez, goragaleak sentitu nituen, jendeak sabelean egindako bultzadek eta aire faltak eraginda, eta bukatu gabe zegoen babeslekuko logelara joan nintzen; pertsona bat edo beste zegoen. Gero, ostera, jendea multzokatzen hasi zen eta bat-batean atzealdean zegoen lokatzez beteriko pareta heze baten aurka estututa sentitu nuen neure burua. Han egon nintzen, goitik erortzen ari zitzaidan uraren azpian. Bat-batean bero asko sentitu nuen eta ezin nuen ia arnasarik ere hartu. Jendea nire inguruan multzokatu zen eta ni, nola edo hala, botaka ez egiteko ahaleginak egiten ari nintzen. Orduantxe, justu, denboraz uste dut, jendea ateratzen hasi zen. Alarma amaituta zegoen. Kanpoko aire freskura eta argitasunera atera nintzenean, nire begiek ikusi zuten lehenengo irudia zera izan zen: merkatuko postuetariko batean zegoen limoi bandeja bat. Aurreko mantelean txanpon batzuk nituen eta zaku bat erosi nuen. Ez dakit zergatik. Behar nuen zerbait zela antzeman nuen. Gertaera horren ostean, etxera joan nintzen eta senarra lanetik etorri berria zenez bazkaria zerbitzatu nion mahaian eta baita egunero gurekin jaten zuen Donostiako emakume errefuxiatu bati ere. Eurekin bazkaltzeko ahalegina egin nuen, baina ez nintzen batere ondo sentitzen eta sukaldetik atera behar izan nuen. (Iraultza Asla-P)

"Ez zaitezte inoiz Andra Mariko babeslekura joan; ez dago bukatuta eta ez da segurua". Nire aitak askotan esaten zigun hori eta, horregatik, astelehenean, kanpaiek horrenbeste jo zutenean babesleku horren aurretik pasa eta zuzenean Andra Mari elizara zuzendu ginen; herriko goiko aldean dago. Arratsaldean, kanpaiek berriz jo zutenean, nire ahizpetako bat eta ni bertara joan ginen. Nire ahizpa koruko galeriaren azpian gelditu zen. Huraxe izango zela lekurik seguruena uste zuen berak. Ni kanpandorrera igo nintzen, aitak tokirik eta seguruena horixe zela esaten zuelako. Jendez lepo zegoen heldu nintzenean. (Mercedes Irala)

Astelehena atsegin esnatu zen niretzat. Ni Donostiako aspaldiko lagun batekin nengoen eta, justu, herriko txaletik eta hoberenera bidali gintuzten; herriko iparraldean zegoen. Biok euskal ejertzito nazionalistan batailoiko medikuak ginen. Aste asko igaro genituen frontean eta abailduta geunden. Goiz hartan berandu arte lo egin genuen eta, gero, Tilos Pasealekuan paseatu genuen. Egun epela eta leuna egiten zuen. Bildotsen antza zuten lainoren bat edo beste zegoen eta haize leuna egiten zuen. Herria jendez gainezka zegoen eta tabernetan zenbait ardo edan eta gero gerraz ahaztu egin ginen. Jakina! Catarro jatetxean bazkari ederra jaten ari ginen bitartean, ez genuen bonbaketez berbarik egin. Han geundela, uste dut, kanpaiek jo zutela eta, beharbada, norbaitek alde egin zuela. Ia egunero bonbatzen gintuztenez ez ginen arduratu ere egin. Jateko onak, kafe eder eta koñak gozo batek bakarrik kezkatzen gintuen. Gure bazkaria amaitu genuenerako lasai geunden. Jatetxetik atera eta, lasaitasunez, gure kuartelera bidean abiatu ginen, Tilos Pasealekutik. Nik ez nuen jendearengan arretarik jarri. Udaberriko egun zoragarri hartaz gozatzen ari ginen eta geure elkarrizketan buru-belarri zentratuta. (Augusto Barandiaran)

Nire neba txikia eta ni errepide ondoko landa-gune batean jolasten geunden, herriaren hegoaldean. Errepidearen beste aldean bizi ziren haurrekin ari ginen jolasean. Oinutsik geunden eta nik soinekoa dezente zikindu nuen. Banekien nire ama sumindu egingo zela hori ikustean eta, horregatik, neba etxera bidali nuen kalearen beste aldean bizi zen lagun baten etxera joateko baimena ematen ote zidan galdetzera. Berekin jolasteko baimena eskatu nion, baina, benetan, nire helburua soinekoa ahalik eta hobekien garbitzea zen. Geldi gintezela geunden tokian esanez bueltatu zen neba.

Nire ama erabat kezkatuta zegoen egun horretan. Goizean gure etxean gosaltzen gelditu ziren gudariek Durango nola bonbatu zuten kontatu zioten eta hegazkin alemaniarrek frontean nola bonbatu eta metrailatu zituzten. Gudariek Gernika bonbatzeko aukera asko zegoela uste zuten: arma- eta munizio-fabrikak zeudelako, gudarien kuartelengatik eta Gernika eta Errenteria banatzen zituen Oka ibaiko zubia erretiratzen zegoen ejertzitoaren errepide nagusian zegoelako.

Azkenik, etxera bazkaltzera joan ginenean, nire amak ez zuen gure itxura zikinagatik ezer esan. Goiz osoan zehar kanpaiak entzun zituela esan zigun. Era berean, gure etxe aurretik pasatzen ari ziren gudari-talde handien gaineko aipamenak egin zituen. Bazkalostean, etxetik gertu egoteko agindu zorrotzak eman zizkigun. Hanka zikinak garbitu eta zapatak janzteko agindua ere eman zigun. Guzti horrekin arduratuta zegoen eta ez zen bere ohiko eran jokatzen ari. (Kontxi Zorrozua)

Pedro Zabalaurtenaren etxetik nirera itzuli nintzen 13:00ak inguruan eta ikusi nuenak are gehiago deprimitu ninduen. Auto eta kamioi uholdeak zetozen menditik errepidera, gehienak banderari haizean eragiten edota tela zati zuriei. Zaurituak Karmele Deunara erietxeratzen ari ziren.

Nire amak nire ahizpa txikienarentzako eta niretzako bazkaria prestatua zuen. Nire aita fronteko tokiren batean lubakiak egiteko lanetan laguntzen ari zen. Nire neba gazteena, gudaria zena, arratsaldeko lehen orduan iritsi zen etxera eta lotan zegoen. Ni oso urduri nengoen eta etxeko lanen ardura hartu nuen. Nire ama taloak, artirinezko torta antzekoak, egiten ari zen Loiola Batailoikoentzako, gure etxera arratsaldero etortzen ziren eta. Berak taloak egiten zituen, paperean biltzen zituen eta eurak etortzeko zain egoten zen, baina ez ziren etorri. Ni urduri nengoen, leihotik begira jarri nintzen, ea ikusten nituen. Itxaroten eta itxaroten egon nintzen, baina ez ziren inoiz iritsi. Ez nituen inoiz gehiago ikusi. (Trinidad Rementeria)

Nik Gernikan lagun asko nituen eta Bermeon zaurituta zegoen nire anaia bisitatzeko batailoia utzi nuenean herria zeharkatu nuen. Kanpainako nire arropak utzi eta aurreko hilabetean enkarguz egiten utzi nituen arropak jantzi nituen. Astelehen goiz hartan, Bermeotik itzuli nintzen eta berriz batailoira bueltatu aurretik jai giroko ekintzaren batekin gozatu nahi nuen, gau horretan edo biharamun goizean. Taberna batzuetan errondan aritu nintzen eta, gero, Catarro jatetxera joan nintzen. Han topatu nituen Donostiako aspaldiko bi lagun, batailoiko medikuak zirenak. Jateko on batekin gozatu genuen eta kafea, koñaka eta puruaren errituarekin osatu genuen bazkaria. Ez dut gogoan haserrealdirik entzuterik eta jendearengan ere ez nuen urduritasunik ikusi, etor zitekeen bonbaketak eraginda. Hitz egiten aritu nintzen pertsonetariko batek ere ez zuen uste Gernika bonbatua izango zenik, karlisten plaza nagusia zelako. Francok eta Molak berenganatu nahi zuten talde politikoa osatzen zuten karlistek eta herri sakratu hau guk bezain beste maitatzen zuten.

Bazkalostean nire herriko mutil batekin egin nuen topo, aspalditik nire laguna zen batekin. Gernikara bidali zuten euskal ejertzito nazionalistako musikaria zen. Une batez hizketan aritu ginen eta, gero, nirekin etorri zen liburu-dendara, nahi nuen liburua oraindik erakusleihoan ote zegoen ikustera. Umore herrikoiari buruzko liburua zen, Fernandez Florezek idatzia *Relato y Moral* izenburupean. Liburua oraindik han zegoen, baina liburu-denda arratsaldera arte itxita zegoen. Ezagutzen nituen liburu-dendako jabeak, euren bi alabek etxera bazkaltzera gonbidatu nindutelako eta, gero, Bilboko operara; baimena izan nuen aurreko hilabetean izan zen hori. Etxera iritsi nintzenean han zeuden eta ikusi nindutenean hunkitu egin ziren. Bere amak liburu-dendako giltza eman zidan eta liburua lortu nuen.

Gero, nire laguna eta biok oinez hasi ginen, Lumora zihoan errepidetik, herriko mendebaldetik. Mantso aritu ginen oinez eta jende asko ikusi genuen herritik joaten eta herrira etortzen. Egun lasaia zen niretzat eta oinez gindoazela hizketan aritu ginen. Noizbehinka, nire liburu berritik zerbait irakurtzeko aukera izan nuen. Ibilbidearen erdialdean, bankuetako batean deskantsatzen gelditu ginen, Gernikako ibar osoa ikusten den tokian. Egun leuna eta eguzkitsua egiten zuen, zenbait lainorekin eta iparretik, itsasotik, zetorren brisarekin. Une batez han eseri ginen eta hegazkinek gainbehera bizian nola egiten zuten hegan eta Gernikako ekialdeko mendietatik nola igotzen ari ziren ikusi genuen. Mugimenduengatik bereizi ahal izan nuen horrenbeste metrailatu gintuzten alemaniar ehiza-hegazkinak zirela. Bat-batean gudako tragediaren eta hilketen oroitzapenek udaberriko goiz polit hartan gozatzen ari nintzen lasaitasun mentala hautsi zuten. (Jose Ramon Segues)

Ni bakarrik nengoen astelehen goiz hartan. Nire emaztea eta hiru semeak Gernikatik mendebaldera dagoen herri batera bidali nituen. Gernikako enpresa garrantzitsu bateko gerentea izanda, Bizkaia osoan sukurtsalak zituena, defentsa-lerroak noiz apurtuko zain nengoen eta gaiztotzen zegoen egoera militar dramatikoa tentuz jarraitzen ari

Arratsaldea

nintzen. Nire familia Burdinazko Gerrikoaren barruan izan nahi nuen, Bilbo inguruan eraikita zegoen eraztunean. Zentzu askotan astelehen hura astelehen guztien antzekoa zen. Ohikoa zen orduan joan nintzen bulegora eta zenbait lan egin nituen. Normalki, astelehenetan gure sukurtsaletako zuzendariak edo nagusiak hartzen nituen. Egun horretan Durangotik zetorren enpresako zuzendariarekin batzartzekotan nintzen. Eguerdia baino lehen, hain justu, bere aitaginarreben etxetik deitu zidan (herriko iparraldean zegoen etxea) ezin zuela nirekin bazkaltzera etorri esanez eta bere senideekin bazkaldu ostean bilduko zela bulegoan nirekin. Horregatik, bulegotik atera nintzen bakarrik bazkaltzera joateko. Lehenengo, Arrien jatetxera joan nintzen, nire ustez Bizkaiko jatetxerik onena zenera, baina jendez beteta zegoen. Gero, Catarrora joan nintzen; euskal jatetxe bikaina zen hori ere. Catarro, Arrien bezala, beteta zegoen, baina leihoaren ondoko mahai txiki batean zerbitza ziezadaten lortu nuen. Isiltasunean jan nuen eta jendea kaletik pasatzen ikusi nuen. Jatetxeko jende asko kanpokoa zen.

Aste batzuez horrelakoxea izan zen Gernika: errefuxiatuz eta gudariz beteriko herria. Uneren batean, bazkaltzen nengoela, Andra Mari elizako iragarpen-kanpaiak entzun nituen. Bonbaketa posible batez kezkatuta nengoen, baina jatekoa bukatu egin nuen. Uste dut, ni bezala, jatetxean jende gehiago zegoela arduratuta, baina ez zuten nik antzemateko moduan ezer kanporatu. Ez dut gogoratzen alarma entzunda inor joan zenik.

Bazkalostean paseoa emateko beharra sentitu nuen eta, eguna horren atsegina zenez, herriko mendebaldean dagoen mendia, Lumora eramaten duena, igotzen hasi nintzen. Bide erdian bankuetako batean eseri nintzen eta herria eta ibarra behatzen egon nintzen. Denbora gutxira, ezaguna nuen baserritarra etorri zen errepidean behera eta nire ondoan eseri zen. Gernikako ekialdean zegoen gure ejertzitoaren egoera negargarriaz hizketan aritu ginen. Gizonak esan zidan bere emazteak herrira ez joateko gomendioa eman ziola, baina bera ez zegoela kezkatuta. Gainera, ganaduan eta jakietan gastatzeko dirua zuen; aste batzuetan, seguruenera, urritu egingo ziren. Ados nengoen horretan berekin eta, orduan, errepidean behera joan zen, Gernikarantz.

Joan ostean, urrunean, hegazkinen hotsak entzun nituen. Motorrak abiadura bizian zeudela zirudien. Gernikako ekialderanzko mendietara begiratu nuen eta Arbatzegi inguruan ikusi nituen. Goitik behera zetozen eta irakurria nuen ehiza-hegazkinak bezala igotzen zuten. Begiratzen ari nintzen bitartean pentsatu nuen, hain zuzen ere, horixe zela gerrarekin nuen irudi bidezko lehen kontaktua eta Gernikako gure egoeraz ohartzen hasi nintzen. Bankua utzi eta presaz egin nuen oinez herrirako itzulera, baina gogo barik. (Aurelio Artetxe)

Goitik behera zetorren hegazkina nire atzean entzun nuen eta atzera begiratu barik buruz bota nintzen lur-erretenera. Nire ondoan, errepidetik, emakume bat zihoan astoarekin eta gauza bera egiteko agindua eman nion. Etzan nintzen unean hegazkineko metrailadoreak eta balak nire inguruan nola jotzen ari ziren entzun nuen. Hegazkina pasatu zenean, astoarekin zegoen emakumeari begiratu nion eta hegazkinari txundituta begiratzen zion. "Txori horrek guri zer egiteko asmoa du?", egin zuen garrasi. Ni hegazkina nola ari zen igotzen eta zakarki giroak hartzen ari nintzen begira. Bazetorren. Goitik behera zetorren guregana eta emakumeari berriz ere garrasi egin nion. Gero nire aurpegia lurperatu nuen lur-erretenean eta eskuekin estali nuen burua. Metrailadoreak entzun nituen eta hegazkina joan eta gero ere mugitzeko beldur nintzen, tiroa jo zidatela deskubritzeko beldurrez. Ni onik nengoen eta hegazkina Mendatarantz joan zen.

Errepidera igo nintzen berriz eta nire beldurra baieztatu egin zen: emakumea odol putzu handiaren ondoan hilik zegoen, bizirik zegoen astoaren alboan. Beragatik ezin nuela ezer egin egiaztatu nuen eta larreetatik, lerro zuzenean, korrika joan nintzen nire baserrira. Emakume hark Gernikako azokan bere produktuak saldu zituen eta mendiranzko bideko aldapa luzean harrapatu ninduen. Ni baino gogorragoa eta ausartagoa zen eta han uzteaz lotsa sentitu nuen, hilda egonik ere. (Ajangizko egoiliarra, izenik gabea)

Nire arreba Kattalini astelehen hartan Gernikara ez joateko agindua eman zioten, baina oso egoskorra eta deliberatua zen eta herrira joan zen, bere bidetak lotzeko alanbre bilkaria erostera. Suposatzen dut egoskorra eta deliberatua zela, bi haur hazten eta laguntzarik gabe granja aurrera eramaten ari baitzen. Bere gizona Ameriketan zegoen, urte luzez. (Felipe Andranebea-P)

Gernikatik zenbait kilometro hegoaldera bizi ginen, Muxikatik gertu zegoen granja batean. Bazkalostean herrira joateko prestatzen hasi nintzen. Baserritarren kooperatiban nire kuotak abonatu nahi nituen. Gainera, herrira joan eta lagunekin biltzeko ohitura nuen eguna zen. Nire emaztea beheko solairuan zegoen eta Kattalin errepidean korrika ikusi zuen, alanbre bilkaria zeramala. Justu une horretan hegazkin bat baxu pasa zen etxe gainetik. Bere metrailadorea Kattalinen aurka zuzentzen ari zen. Nire emazteak garrasi egin zuen: "Sartu zaitez hemen, guztiok hil baino lehen".

Beherantz egin nuen korrika. Kattalin atetik sartzen ari zen, hain justu. Izerditan eta asaldatuta zegoen. "Hegazkin horiek ni hiltzea nahi izan dute", oihukatu zuen. Orduan kontatzen hasi zen nola joan ziren goitik behera zuzenean bere aurka eta Gernikako hegoaldean trenbidetik zihoala nola tiro egin zioten. Ero baten moduan zegoen eta nire emazteak brandy baso bat eskaini zion, lasaitzeko. Ezin zuen edan. Bere begietan beldurra eta urduritasuna ikusten ziren. Bera errepikatzen ari zen: "Etxera joan behar dut behientzako belarra moztera". Ideia hori burutik kentzen ahalegindu ginen, baina alperrik izan zen. Joan egin zen eta zorte ona opatu genion. Orduan, hamar minutu inguru beranduago, hegazkinak berriz agertu ziren. Goitik behera zetozen eta mugitzen ari zela ikusten zuten guztiaren aurka tirokatzen zuten. Ataurrean geundela, hegazkinetako batek harrituta utzi gintuen. Teilatu gainera arte jaitsi zen, metrailadoreak disparatuz. Joan zenean, zuhaitzeko hostoak oraindik erortzen ari ziren. Gero jakin genuen Kattalin okindegira joan zela. Bere alanbre bilkaria utzi eta biharamunean ogiarekin batera entrega ziezaioten eskatu zuen. Gero, errepidera joan zen eta, justu, kanposantuko errepideko bideguruzean zegoen hegazkin bat metrailadoreak disparatuz jaitsi zenean. Beranduxeago norbaitek ezpondaren azpian aurkitu zuen lurrean, zerraldo, kanposanturako errepidearen hasieran. Hilda zegoen. Bere gorputza balek egindako zuloz beteta zegoen. Bat buruko atzeko aldetik sartu eta begi gainetik atera zitzaion. (Mikel Barazpe-P)

Astelehen arratsalde hartan Zornotzatik Gernikara nindoan trenez, herritik 15 kilometro ingurura, nire bi lagun gudarirekin batera. Zugaztietatik gertu geunden leihotik begiratu eta sei ehiza-hegazkin gure aurka, metrailadoreak disparatuz, zetozela ikusi genuenean.

Deskriba ezina izan zen panikoa. Trena gelditu egin zen eta, panikoaren eraginez, jendea itsu-itsuan trena uzten hasi zen. Asko trenbide ondoko pinudian babestu ziren. Ni bagoian gelditu nintzen eta ikuskizuna behatzen egon nintzen. Hegazkinak joan-etorrian zebiltzan eta aurrean zuten guztia metrailatzen zuten. Inguruko belardietan lanean zebiltzan baserritarrak ihes egin zuten, behiak goldeari lotuta bertan utzita. Behiak metrailatu egin zituzten eta marruka eta intzirika entzun ahal izan genituen.

Trenbide ondoko errepidean, paraleloki dagoena, gudariak zeramatzan kamioi toldodun bat gerturatzen ikusi nuen. Ehiza-hegazkinetako bat eurak jarraitzen ari zen eta metrailatzen. Kamioia gelditu egin zen eta gizonek lurrera egin zuten salto. Batzuk zuhaitzen atzean babestu ziren, besteak besoak eta hankak zabalik jarrita lur-erretenean etzan ziren bitartean.

Azkenik, arriskua desagertu zela antzematean, jendea trenera igo zen eta trena, bidaiari eta guzti, Gernikara zuzendu zen. Hala ere,

Gernika bonbatu zuten eguna

handik gutxira, ehiza-hegazkinak berriz ere gure atzetik zebiltzan. Oraingo honetan, tunel batetik gertu geunden eta makinista argia eta azkarra zen. Hori zen gure zortea! Tunelera arte eraman zuen trena eta han gelditu egin zuen. Han denbora luzez egon ginen, berriz atera eta Gernikara arte jarraitu aurretik.

Zer nolako desberdintasuna herrira heltzean! Iskanbilatsu zegoen, jendez gainezka, eta ohiko ekintzak burutzen ari ziren. Jendeari begiratzean sentsazio arraroa izan nuen, errukizko sentsazioa. Hala eta guztiz ere, herriko giro lasaiak iritzia aldarazi zidan eta tabernetara joan nintzen, trenean galdu nuen denbora errekuperatzeko. (Iñaki "Patxolo" Rezabal)

Loiola Batailoiko komandantea nintzen eta goiz hartan nire gizon gehienak lerro seguru batean bereizi nituen, Mañaria gaineko mendietako gailurretan. Nire aginte postua Mertzedeko komentuan zegoen, Gernikan, hain zuzen ere borrokan genbiltzan tokitik 30 kilometro iparraldera. Haatik, bulegari eta errekuperatzen zeuden zauritu batzuk kenduta, ez genuen gure baseaz gozatzeko aukerarik izan azken asteetan; deskantsurako egun gutxi batzuk izan ezik. Zazpi hilabete gindoazen frontean eta azken asteetan etsaiarekin zuzenean aritu ginen borrokan. Guztiok erabat nekatuta geunden. Egun hartan, arratsalde batez deskantsatzeko asmoz, nire konpainietako bat jaitsi nuen ibarrera. Ni eurekin nengoen. Arratsalde atsegina egiten zuen eta baserri baten ondoko belardian botata geunden, lotan eta etxeko emakumeak nola edo hala lortu zigun gramofonoan Beethoven eta Chopin entzuten. Ni lore usaintsuak zituen gereziondo baten azpian etzanda nengoen, mendien gaineko zeru urdinari begira. Ez nintzen ezertan pentsatzen ari, aurreko asteetan kastigatu gintuzten hiru motorreko Junker bonbaketarien isilpeko soinu nahastezina entzun nuenean. Gasteizetik zetozen hegazkinak. Altu zetozen. Zuzenean iparraldera zihoazen. (Jon Beiztegi)

Lehen hegazkina

Amak eta biok bazkaltzen bukatu genuen eta bera lanera joan zen. Herriko erdigunean zegoen Iruña jatetxean egiten zuen lan. Ni lixatzen ari nintzen, gure goiko pisuko leihoaren ondoan. Gernikako hegoaldeko ibar ia guztia ikusi ahal nuen. 15:30ak pasa ostean, uneren batean, hegazkin baten motor hotsa entzun nuen. Leihotik begiratu nuen eta ibarretik zetorrela ikusi nuen. Oiz menditik zetorren. Oso baxu. Etxeen teilatuen gainetik zetorrela hegan zirudien. Bazihoala ikusi nuen eta lixatzen jarraitu nuen. (Pilar Maguregi-P)

Orduan kanpaiek berriz jo zuten. Plater guztiak zikin laga nituen mahai gainean, limoi zakua eta pisuko giltzak hartu nituen eta jaitsi egin nintzen senarrari esatera oraingoan Kastor Uriarteren babeslekura nindoala. "Ondo da", esan zidan, gai honekin aspertuta balego bezala. Horrek lasaitu egin ninduen eta ez nintzen presaz joan, baizik eta lasai, gure pisuko eraikinaren atzetik. Arratsalde epela, atsegina eta eguzkitsua egiten zuen eta errepide ondoan zeuden lore berriei begira jarri nintzen, baina, orduan, behetik zetorren hegazkin batek beldurtu egin ninduen. Ez zitzaidan hegazkin haren tankera gustatu eta presaz babeslekura joan nintzen. (Iraultza Asla-P)

14:30 inguruan, nire bataioiko lagunarekin, Arrien jatetxera joan nintzen. Ile kizkurra zuen eta Arroakoa zen; miopia garrantzitsua zuenez ezin zuen frontean borrokatu, baina ni kuartelean eriondo nengoela ezin hobeto zaindu ninduen. Espero genuen bezala, jatetxea beteta zegoen eta mahai bat lortzeko dezente denbora itxaron genuen. Arrien jatetxe bikaina zen eta, gainera, gudariei arreta ona ematen zieten. Horregatik, ez zigun axola izan jendetza egoteak.

Bazkaltzen bukatu genuen eta leiho nagusiaren ondoan eserita geunden, kafea hartzen eta Ferialeko jendeari begira, Andra Mariko kanpaiak entzun genituenean. Hain ohituta geunden entzutera, ez geniela kasurik egin, nahiz eta denbora batez joka jarraitu zuten. Segituan, herri gainetik, baxu, hegaldatzen ari zen hegazkina ikusi genuen. Gure gainetik bira batzuk eman zituen, baina jendeak ez zuen ematen kezkatuta zegoenik. Uste dut kuriositatez ari zirela begira. Noski, ez gintuen kezkatu. Hizketan jarraitu genuen eta, orduan, bat-batean, bonba bat lehertzen entzun genuen. Kanpora atera ginen korrika eta hegazkina Errenteria iparralde gainetik nola ari zen hegan ikusi genuen. Bonba, nonbait, trenbidetik hurbil erori zen. Nik hegazkina errekonozitu egin nuen eta harritu egin ninduen. Hegazkin txiki hura frontean askotan ikusia genuen. "Salatari" deitzen genion. Ez nuen inoiz entzuna bonbak jaurtitzen zituenik, baina normalean bonbaketariek jarraitzen zioten eta, badaezpada, babesleku bila hasi ginen. Gutako bost sartzeko besteko tokia topatu genuen. Tren-geltokiaren bukaeran zegoen. Leku haren espazioa frogatzen genbiltzan bi bonba txiki lehertzen entzun genituenean. (Sebastian Uria)

    Antxon Zabaliarekin nengoen. Gernikako gudaria zen eta euskal probintzia guztietan ezaguna zen euskal dantzetako dantzari onenetarikoa zelako. Goiz hartan, goiz, Bolibar utzi genuen, Simón Bolívar askatzailearen arbasoen sorterria, eta mendietatik Gernikara joan ginen oinez. Arratsaldean ehiza-hegazkinek jazarri gintuzten. Nekatuta geunden eta Errenteriako inguruetara iritsi ginenerako gosez hilda. Han, herria baino gorago, baserri bateko kideekin egin genuen topo eta jatekoa eta deskantsatzeko tokia eskaini zizkiguten. Etxekoandreak talo batzuk prestatu zizkigun eta esne askorekin beteriko katilu handi batean jan genituen. Jaten geundela norbait sartu zen esanez Gernikan alerta iragartzen zuten kanpaiak jotzen ari zirela. Gernika justu errekaren beste aldean zegoen eta gu kokatuta geunden tokia baino beherago. Baserriko jendea ohi baino urduriago zegoela antzematen zen eta baserritik alde egin zuten, gu bakarrik utzita. Bakarrik jakiak interesatzen zitzaizkigun eta afanean jarraitu genuen jaten. Azkenik, hegazkinaren motorra entzutean gu ere egoeran interesa jartzen hasi ginen. Kanpora atera ginen, zigarreta bildu genuen eta mendian eseri ginen Errenteriara eta Gernikara begira. Berehala ikusi genuen hegazkina. Oso baxu zegoen hegan egiten, gu geundena baino beherago, eta herriaren gainetik zirkuluak eginez ari zen. Eserita geunden behatzen. Orduan bonba batzuk jaurti zituen tren-geltokitik hurbil. Jendearen aurka metrailatzen ere hasi zen. Horrek harritu egin gintuen. Hegazkinak zirkulu zabal bat egiten jarraitu zuen eta gure bistatik alde egin zuen, hegoalderantz. Hiru minutu inguru beranduago, hegazkin bera edo beste antzeko bat itzuli egin zen eta herriaren gainetik zirkulu bat trazatzen hasi zen, bonbak jaurtiz eta jendea metrailatuz. (Jose Ramon Urtiaga)

    Deskantsatzeko aukera izan nuen 15:00ak inguruan, nire etxean ospitalean urgentziaz behar nindutela esanez abisua eman zutenean. Arbatzegiko zonalde ingurutik zauritu gehiago ekarri zituzten. Gehiengoa inguruetako baserritarrak ziren. 16:15 aldera, kanpaiak entzun nituen eta beranduxeago leihotik hegazkina ikusi nuen. Kanpora atera, ospitalera itzuli eta behatzen hasi nintzen. Gudari batzuk zeuden zurubi mailan arreta noiz hartuko zain. Eurotariko batek metrailadorea zuen eskuan eta hegazkina tirokatu nahi zuen gure gainetik pasatzen zenean, baina gainontzekoek konbentzitu eta ez zuen egin. "Ez tirokatu" esan zioten, "herria eta gu guztiok bonba gaitzake eta".

Hegazkina zilar kolorekoa zen eta oso baxu ari zen hegan. Zirkuluan hegan egiten zuen bitartean behatu egin nion, gero sartu eta berriz atera nintzen ospitaleko sarreratik. Justu sarrerako atetik kanpora nindoala, bonben txistukadak entzun nituen. Leherketak egon ziren, hiru uste dut: zubitik gertu, Don Tello kalean eta San Juan Ibarra plazatik hurbil. Ospitale aurrean zeuden gudariak hegazkina madarikatzen hasi ziren. Orduan, hegazkina gu geunden tokira zirkuluan zetorrenean, agustindarren eskolan zeuden gudarien metrailadorea bere aurka tirokatzen hasi zen. Gu geunden tokitik 200 metro ingurura zegoen metrailadorea. (Angeles Atxabal)

Gutako batzuk gure kuartelaren iparraldean zegoen tabernatik itzuli berriak ginen eta geure etzalekuetan geunden, erlaxatzen, gure gainetik oso baxu hegazkina etorri zenean. Kanpora atera ginen behatzera eta Oiz menditik zetorrela adierazi ziguten. Herriaren gainetik bira bat ematen ikusi nuen eta, orduan, bonba bat jaurti zuen; bonba baten soinua zirudien behinik behin. Gero, bere zirkulua egiten jarraitu zuen, gure gainetik hegaz, eta herriaren gainetik hegoalderantz joan zen; gure bistatik desagertu egin zen. Seguru aski bere ibilbide zirkularra egiten jarraitu zuen. Izan ere, lauzpabost alditan agertuz eta berragertuz ibili zen hegazkina zirudien, Errenteriako zubiaren ondoan eta tren-geltokian bonbak jaurti zituena buelta bakoitzeko.

Goiz hartan, hegazkina bonbak jaurtitzen hasi bezain pronto, gure kuarteleko atzeko aldean jarri genuen metrailadorea hartzera joan ginen korrika. Zenbait erronda eginez aritu ginen tirokatzen, gure gainetik pasatzen zen bakoitzean, baina munizio-zinta etengabe ataskatzen zen. Normalean arazo hori izaten genuen era honetako metrailadorearekin gora tirokatzen genuenean. (Faustino "Basurde" Pastor)

Nire neska-laguna Bilbotik etorri zen eguerdian, aurreikusita zegoen trenean. Azokan erosketak egiten zituen bitartean lagundu egin nion eta batera bazkaldu genuen gero. Tren-geltokira itzuli ginenean, erlojura begiratu nuen. 16:15 ziren. 15 minutu genituen Bilboranzko trena hartzeko. Handik gertu Julian hotelaren azpian zegoen taberna batean itxarotea erabaki genuen; nik ostatu hartzen nuen tokia zen. Hara gindoazen bitartean, kanpaiek jotzen jarrai zezaketen. Ez dakit zergatik, baina ez nien inoiz kasurik egiten. Nolanahi ere, ez zen denbora askorik igaro herriaren gainetik oso baxu hegan zetorren hegazkin bat entzun genuenean. Handik gutxira bonba bat lehertzen entzun genuen. Guregandik gertu izan zen eta berriz zirkulua egiten ari zela ikusi genuen. Gure gainean zegoenean, horma baten aurka babestu ginen eta beste bonba bat jaurti zuen, inguruko zonaldean gutxi gorabehera. Oraingoan, metrailadoreekin tirokatzen ari zen. Kalea korrika zeharkatu genuen eta eraikinen hormei eutsita egin genuen aurrera, hegazkina herria bonbatzen eta metrailatzen ari zen bitartean. (Santiago Ondarru-P)

Dezente deprimituta sentitzen nintzen Lumoko bidetik herrira jaisten ari nintzela. Gernikako ekialdean hegazkinak ikusteak oso urduri jarri ninduen. Sabino, Durangoko bulegoko zuzendaria, bere senideekin bazkaltzen egon ostean bulegora etorri zenean, 16:00ak inguruan. Ez nengoen umoreko negozioez berba egiteko. Berak ere gauza bera sentitu zuen, kanpaiak joka ari zirenean zer egin behar genuen galdetu baitzidan. Normalean gu kasurik ez egitera ohitua geundela esan nion, baina une horretan kalera ateratzeko gomendioa eman nion, paseo bat ematera.

Don Tello kaleko sarreratik atera ginen, gero ezkerrera egin genuen, tren-geltokira zihoan bide batetik. Ez dakit nora eramaten ari nintzaion. Soilik herritik aldendu nahi nuen. Trenbidera arte heldu ginen eta Errenteriako zubira arte jarraitu genuen. Justu zubiaren beste aldera heltzean, abiadura bizian guregana zetorren hegazkin bat ikusi genuen. Hain zetorren baxu pilotua ikusi nuela. Buelta eman genuen eta, orduantxe, hain zuzen ere, bonbak eta leherketa entzun genituen. Ez dakit zenbat bonba erori ziren, baina gu geunden tokitik gertu lehertu ziren, justu Don Tello kalean; gure bulegoaren eta nire etxearen parean. Erabat ikaratuta geunden eta ez ditut hurrengo minutuak gogoan, Errenteriako ekialdeko mendira zihoan bidetik baikindoazen, korrika, ahal genuen bezain azkarren. Nik herritik ahal bezain gehien aldendu nahi nuen eta lur-erretenen batean sartu. (Aurelio Artetxe)

Bazkalostean, gure auzokideen pisura joan nintzen, trikotatzen erakusten ari zitzaidan emakumeari laguntza eskatzera. Laranja koloreko jertse bat egiten ari nintzen, nire lehen proiektua zena. Zertxobait beranduago txakur zaunkak entzun genituen. Orduan, gure gainetik baxu zetorren hegazkin bat entzun genuen. Bat-batean sekulako leherketa egon zen. Gure eraikina astindu zuen eta ia sustoz hil egin ninduen. Eskaileretatik kalera korrika egin nuenean erabat ikaratuta nengoen. Gizon batek eskutik heldu zidan, seguruenera gudaria izango zen, eta Kastor Uriarteren etxearen atzeko babeslekura eraman ninduen Iparragirre kaletik. Nire josteko orratzak, artilea eta erdi eginda nuen jertsea aldean neramatzan oraindik, babeslekura heldu ginenean. (Miren Agirre)

Hegazkina gure teilatu gainetik hegan zebilela entzun nuen. Batbatean izan zen eta harritu egin ninduen. Hain baxu hegan egitearen arrazoia zein ote zen galdetu nion neure buruari. Orduan konturatu nintzen edo pentsatu nuen zer gertatzen ari zen. "Madrileko gobernutik jaso ditugu gure hegazkinak", pentsatu nuen. "Herritik gertu dabiltza hegan, heldu direla ikus dezagun". Pentsamendu atsegina zen hori. Ni oso nazionalista nintzen. Etxeko-lanekin jarraitu nuen eta erabat harritu nintzen gure pisutik gertu bonba-eztanda izugarria entzun nuenean. Orduan jabetu nintzen errealitateaz. Matxinatutakoen hegazkina izan zen, seguruenera Franco eta Mola laguntzen zebiltzan alemaniarrek pilotatutakoa, eta gu bonbatzera zetozen. Zer egin behar nuen pentsatu nuen. Hegazkina berriz zetorrela entzun nuen. Sukaldera joan nintzen korrika eta tximiniaren aurka jarri nintzen. Leku seguruena zirudien. Leherketa gehiago egon ziren eta orduan etxetik kanpora ateratzea erabaki nuen. Korrika jaitsi nituen eskailerak eta kalera atera nintzen. Jendea norabide guztietan zebilen korrika. Emakume bat ikusi nuen, nire laguna zena, nahiz eta frankista zen, alegia, Franco jeneralaren aldekoa. Berak eta bere senarrak denda txiki bat zuten. Nirekin Andra Mari elizara etortzeko garrasi egin nion. Eliza babesleku seguruagoa izango zela uste nuen. "Dirua utzi dut dendan eta jaso egin behar dut", erantzun zuen. Ez nuen diskutitu. Hegazkina zirkuluak egiten ari zen eta berriz bonbatuko gintuen. Ni elizara joan nintzen korrika. Nire lagunaren gorpua ez zuten inoiz aurkitu. (Juanita Barrutia)

Bonbak eztanda egin bezain pronto, denda itxi nuen eta han zebilen jendeak norabide guztietan egin zuen korrika. Nirekin nuen seme txikia. Korrika bakarrik egiteko txikiegia zen eta besoetan eramateko handiegia. Hala eta guztiz ere, azken hau zen aukera onena eta hurrengo minutuetan kostata egin nuen korrika, Errenteriako ekialdeko zelaietara bidean.

Zubitik gertu, nire bizilagunetako batzuk ikusi nituen. Modesta eta Maria Angeles Garteiz bere amarekin zeuden, Mariarekin. Guztiak babeslekua bilatzeko zein norabide hartu behar zuten erabakitzen ari ziren. Auzotarretako batzuk nirekin etorri ziren eta nire semea txandaka eraman genuen. Ez zitzaien soinean zeraman txaketa gorriaren kolorea gustatzen eta kentzeko agindua eman zidaten. Kolore gorriak pilotuaren atentzioa deituko zuela eta beldur ziren. Ordurako, Errenteria utzita genuen eta txaketa kendu eta belarretan ezkutatu nuen. Une horretantxe, hegazkina gure gainean zegoen eta metrailadoreekin disparatzen hasi zen. Zuhaizti batera egin genuen korrika eta orriak gure gainera erortzen ari ziren. Jendearen oihuak entzun genituen segituan. Justu kalearen beste aldean eraikin bat eraitsi zuten eta hortik zetozen garrasiak. (Paula Dirua-P)

Laurak alde horretan, Don Tello kaleko ejertzitoko biltegira joan nintzen, huraxe zelako nire helmuga. 16:15 inguruan, kanpaiak entzun genituen eta, gero, herriaren gainetik baxu hegaz zebilen hegazkin bat ikusi genuen. Kanpora atera nintzenerako, hegazkina justu gure gainean zegoen eta gaur egun merkatua dagoen zonaldera zihoan. Orduan, bonba baten txistuak entzun nituen. Pentsatu gabe sarrerara egin nuen salto. Segituan izan zen leherketa. Bonba gu geunden tokitik gertu erori zen. Handik gutxira, guregandik gertu eraitsi zuten eraikineko jendearen garrasiak entzun genituen, justu kalearen beste aldean. (Anton Foruria)

Arratsalde hartan, bazkalordua pasata, kanpaiak berriz hasi ziren joka. Oraingoan soinuek alarma bizia transmititzen zuten. Gure gauzak jasotzen hasi ginen berriz babeslekura joateko, baina beheko pisura heldu ginenerako hegazkin bat herriaren gainean, oso baxu zebilela ikusi genuen. Berriz gora egin genuen eta atea zabaltzeko giltzak sartzen nengoela sekulako eztanda gertatu zen. Atea bakarrik zabaldu zen eta ni lurrera bota ninduen. Begiak zabaltzean atea gainean nuen eta tranpalean etzanda nengoen, gure egongelako lekuko hutsartetik hankak zintzilik nituelarik. Nire izeba nire atzetik zetorren eta berak kendu zidan gainetik atea. Lau hankan nolabait sartu ginen gure pisua zenera, alegia, pisua zenetik gelditzen zenera. Sukaldeko zati bat kalterik gabe zegoen eta goiz hartan erosi genituen jakiak mostradore gainean zeuden oraindik. Buruan zauri bat nuen, benetan zena baino itxura txarragoa zuena. Odola botatzen ari nintzen, baina nire izeba kezkatuta zegoen eta zauria tapatzeko zerbaiten bila zebilen. Azkenean ere topatu zuen komunean kolonia botila bat eta zaurira bota zidan. Gero, eskailerak jaisten laguntzen ari zitzaidala, gure tranpalaren goiko aldetik garrasika entzun genituen bizilagunak. Erretiratutako guardia zibil baten emaztea eta alaba ziren. "Zauritu bat dago hemen, zauritu bat hemen goian", zioten garrasika. Segituan eskaileretatik aurreratu egin gintuzten eta laguntzera zetozen gudariei garrasika ari zitzaizkien. Gudariak igo egin ziren eta gu herrenka kalera atera ginen; eraikinari gora begiratzen genion. Azken bi pisuak eraitsita zeuden eta gortinak fantasmak bailiran hegan ari ziren apurtutako pisuen leihoetatik. Segituan, gudarietako batzuk eraikinetik atera ziren eta esan ziguten, gizon edadetua, erretiratutako guardia zibila zena, hilda zegoela eta Tomas Arrien ere, eraikineko jabeetako bat eta beheko solairuko aroztegian lan egiten zuena, hil egin zela. (Mertxe Idazlea-P)

Arratsalde horretan, bazkalorduaren ostean, arropa garbitzen ari nintzen gure etxeko leiho guztiak hautsi zituen eztanda entzun nuenean. Sekulako eztanda zen. Zer gertatu zen ikustera atera nintzen.

Lehen hegazkina

Alde egiten ari zen hegazkin bakarra ikusi nuen eta San Juan kalean, Ezenarroren etxetik gertu, partzela huts batean kezko zutabe bat nola igotzen ari zen ikusi nuen. Bonba han bertan jauzi zen. Ahal nuen gehien egin nuen korrika babesleku bila, babeslekua dei baziezaiokeen. Lurreko hutsune bat zen, metalezko plakez, lurrez eta belarrez betea. Jendez beteta zegoen. Guztiok han pilatu ginen, nahiz eta batzuk ez geunden estalita. Handik gutxira, beste bonba bat gertu erori zen eta gurekin zegoen neska bat jo zuen metal zati batek. "Hiltzen ari naiz, hiltzen ari naiz", egin zuen garrasi. Zorionez, zauriak ez zuen larritasunik. Gure arropak eta gure aurpegiak zikin zeuden eta ni negarrez hasi nintzen. Gero, handik alde egin nuen. Korrika joan nintzen handik hurbil zegoen baserri batera. (Luisa Gezuraga)

    Bazkalostean, sukaldea garbitu nuen eta, gero, nire iloba txikiarekin kalera atera behar izan nuen berriz. Kalera ateratzean, gudari batek garrasi egin zidan: "Kontuz hegazkin horrekin!". Justu une horretan leherketa bat entzun nuen eta bonba bat nire etxetik 50 metrora erori zen. Lursail huts batera erori zen, baina terrenoaren jabeek eraikitako babesleku bat zegoen bertan. Babeslekura joan nintzen korrika, nire iloba besoetan neramalarik. Jendez gainezka zegoen. Bonba eurak zeuden tokitik oso gertu erori zen. Hegazkin harexek berak zenbait bonba gehiago jaurti zituen. Alde egin zuenean bueltatu nintzen etxera. Iloba manta batean bildu eta berekin korrika egin nuen gertu zegoen baserri batera. (Fidela Izagirre)

    Begira nola diren kontuak: ez nuen gudako deskantsuaz gozatzeko aukerarik izan. 16:15 inguruan, Don Tello kalearen amaieran nengoen, trenbidearen oinezkoentzako pasabidean, eta Errenteriako zubira bidean nindoan. Herriaren gainetik ehiza-hegazkin bat hegan zebilen, zirkuluak eginez. Berrogei metro inguruko altueran zegoen. Niregana zetorrenean babestu nintzen portale batean eta, orduan, bat-batean bonba bat lehertu zen. Eta parean nuen eraikina goitik behera erori zen. Hegazkinak herria nola inguratzen zuen behatu nuen eta gure gainetik bigarren bira eman zuenean metrailadoreekin disparatuz hasi zen. Beldurtuta, okindegi batera joan nintzen korrika; topatu ahal izan nuen lehen babeslekua izan zen. Sekulako leherketa egon zen eta irinaren hautsak ez zidan ikusten uzten. Okindegian zeuden emakumeak garrasika ari ziren eta ni paniko egoeran nengoen. Okindegitik alde egin nuen eta ero baten moduan korrika hasi nintzen eraiki gabe zegoen Errenteriako ekialderantz. Hegazkinak zirkuluak egiten jarraitzen zuen eta zirkulua ixten tardatzen zuen denbora aprobetxatu nuen ahal bezain urrunen alde egiteko. Errenteriatik 400 metrora nengoela, urez beteta zegoen lur-erretenera salto egin nuen. Nire atzetik bi emakume heldu ziren; begitartea izuz deseginda zuten. Ni zutik jarri nintzen eta lurretenean babesteko esanez garrasi egin nien. Etorri ziren eta negar malkotan besarkatu egin ninduten. Gero, uretan etzan nituen. Emakumeetako batek txaketa beltz bat zeraman eta etengabeko mugimenduan ari zen soineko zuria tapatzeko, pilotuak ikus zedin saihestuz. Nik beldur gehiago nuen pilotuak ez ote zituen bere mugimenduak ikusiko. (Iñaki "Patxolo" Rezabal)

Tarteko unea

Frontean bonbaketariek hegazkin txiki hari jarraitzen zioten beti eta, horregatik, hegazkina joan zenean nire lagunak eta biok babeslekua topatzea zela onena pentsatu genuen. Jendea, gure inguruan, Arrien eta Ferialetik gertu, gure ezkerretara kalea zeharkatzen ari zen, Pasilekura doazen eskailerak igotzeko. Han goian babeslekuak zeudela jakinda jarraitu egin genien.

    Plaza de la Unión (Pasileku) asfaltatutako plaza bat da, berrogeita hamar metro inguru dituena ertzean eta hamar metro gehiagoko perimetroa duena, hiru aldetatik hormigoiz betea. Iparraldean, estalita duen aldean, merkatua zegoen. Saltzaileetako askok euren produktuak salduak edota batuta zituzten eta joanak zeuden. Hegoaldeko aldea, oraindik, frontoi estali bezala erabiltzen da; hamarkada askoz egun euritsuetan haurrek denbora asko igaro duten zona. Plazaren atzeko aldetik gertu musika-kioskoa zegoen, gure ikurrinetako bat airean zegoen tokia.

    Musika-kioskoaren atzean, hormigoizko sabaiaren azpian eta plazaren mendebaldeko zonaldean, lur-zakuekin egindako zutabe batek lau babeslekuak babesten zituen, mendiko mazelan koba itxuran zulatu zituztenak. Babesleku hauetara heldu ginenerako, jendez gainezka zeuden eta aginduak emanez garrasika zenbiltzan, gizonak eta gazteak irten zitezen eta kanpoan pilatuta zeuden emakume eta haur multzo ikaratuei tokia utz ziezaieten esanez. Nire lagunak egun horretara arte ez zuen bonbarik ikusi eta ezta ere entzun eta gero eta beldur gehiagoz sumatzen nuenez merkatua egon zen zonalde estalira arte lagundu nion. Bere ikara arintzen ahalegindu nintzen eta bera lasaitzen. Nik berba asko egiten nion eta horrela pasa zen denbora. Herria oso isilik zegoen. Soilik pertsona batzuk baino ez ziren presaz pasatzen ari. Denbora gehiago pasa zen. Gure inguruko jendea egonezina sentitzen hasi zen. Batzuk alde egin zuten. Uste dut bonbaketa gertaera bakan bat izan zela sinesten ahalegindu ginela guztiok, alegia, pilotu krudel edo frustratu baten ekintza izan zela.

    Denbora gehiago pasa zen, beharbada bost minutu, eta jende gehiagok alde egin zuen. Gu, beste batzuekin batera, estali gabe zegoen plazako aldera joan ginen eta zerura begiratu genuen zuhaitz artetik. Bat-batean zarata bat entzun genuen. Gero eta altuagoa zen eta nik jakin nuen zer zen. Soinu hura nahastezina zen. Aurrez askotan entzuna nuen:

arum, arum, arum, arum. Kondenatutako hiru motorreko bonbaketariak ziren. Begiratu eta, azkenik, ikusi egin genituen. Herriaren ekialdean zeuden, oso baxu zebiltzan hegan iparralderantz. Beharbada, jende batek Gernika libratuko zenaren esperantza zuen, euren helburua iparralderantzago beste tokiren batean zegoela. Nik ez. Nik maniobra hori frontean sarri askotan nuen ikusia. Formazioa aldatu gabe euren hegoak inklinatu, herria inguratu eta bonbatzeari ekingo zioten.

 Beste batzuek sumatu egin beharko zuten zetorrena. Jendetza uholde berria gerturatu zen plazara, estalitako zonetan babesa topatuz. Nire laguna eta biok zementuzko hormaren kontra babestu ginen eta motorren marruma hots gero eta handiagoa entzuten genuen. (Xabier Alkorta)

 Nik Gernikako bikote adindun baten etxean zerbitzari lanak egiten nituen. Guztiok genuen ustezko bonbaketari bat. Alabaina, emakumearen senarrak bronkitisa zuenez ezin zuen babeslekuetariko batera joan. Ezin zuen jendez beteta zegoen toki batean arnasarik hartu. Aukerarik onena Andra Mari eliza zela iruditzen zitzaigun eta haraxe eraman nituen bazkalostean, alarma iragartzen zuten kanpaiak entzun genituenean. Haatik, ni ez nintzen eurekin sartu. Horrenbeste alarma entzun nituen egun hartan ez nintzela bonbaketa baten beldur. Gainera, merkatuan maukaren bat bilatzeko irrikaz nengoen eta hantxe nengoen lehenengo bonben leherketak entzun nituenean. Horrek izutu egin ninduen eta gogoan dudan hurrengo irudia da plazako babeslekuetariko batean sakaka ari zitzaizkidala. Jendea paniko egoeran zegoen eta sakaka ari zitzaizkidan. Gero eta atzerago. Gero eta atzerago. Babesleku kanpotik askoz jende gehiago etorri zen, etengabe ari baitziren sakatzeko eta beste batzuei tokia egiteko esanez garrasika. Denbora gutxian ez zegoen toki gehiagorik. Hain geunden elkarren kontra pilatuta ez ginela gai besoak mugitzeko. Orduan beroa gehitu egin zen han barruan. Gu guztion gorputzen beroa zen. Airerik gabe gelditu ginen. Ito egingo nintzela uste nuen. Buruak altu genituen arnasa hartu ahal izateko, baina handik une batera horrek ere ez zuen laguntzen. (Teodora Neskamea-P)

 Lurra lantzeari utzi nion hegazkina entzun nuenean. Behera begiratu nuen eta han zegoen, herriari biraka. Bonba batzuk jaurti zituenean aitari deitu nion. Bera oso ahul zegoen, baina atera egin zen eta batera geunden, Gernikara begira. Hegazkina joan egin zen, baina tren-geltokitik gertuko zonaldean kea eta hautsa zeuden. Nire ama eta anaia han nonbait zeuden eta eurei zerbait gertatuko zitzaien beldur nintzen, baina ez genuen ezer esan hegazkin handiek osatutako irudia Oiz menditik zetorrela ikusi genuen arte. Herriaren gainetik hegan ikusi genituen. Gero buelta eman zuten eta Bermeoranzko errepidearen gainetik hegan egin zuten. Herriaren erdigunera zihoazen. Nire aitaren begietan izua ikusi nuen. Ahots ahulez esan zuen: "Seme, Gernika bonbatzera doaz. Utz itzazu idiak. Joan zaitez amaren bila". Segituan joan nintzen. Errepidean behera nindoan nire aita kontuz ibil nendin esanez entzun nuenean. (Pedro Gezuraga)

Gernikako hegoaldean dagoen Asilo Calzada ospitalean nengoen ni, zauritutako eskutik errekuperatzen. Amaren esperoan nengoen, beti etortzen baitzen ni bisitatzera merkatuan produktuak saldu ostean. Hala ere, hegazkin txikia joan zenean, ahal genuenoi ospitalea uzteko agindua eman ziguten. Korrika alde egin nuen mendietara bidean. Herritik aldendu nahi nuen ahal nuen guztia.

Zenbait ehunka metro egin nituen korrika bospasei urteko neskato batekin topo egin nuenean. Begietatik malko dariola zegoen eta galduta zirudien. Gelditu eta beregana hurbiltzen ahalegindu nintzen, baina beldurra zidan. Burua makurtu zuen besoetan eta negarrez jarraitu zuen. Hitz egin nion eta lasaitzen ahalegindu nintzen. Azkenik, nire ondoan eseri zen eta negar egiteari uzteko ahaleginetan nenbilela nahastezina zen hiru motorreko bonbaketari alemanen zarata sorra entzun nuen. Herriko hegoaldera eta ekialdera begiratu nuen eta ikusi egin nituen. Formazioan zihoazen, bederatzi ilaran eta hiruko taldeetan V itxuran. Iparralderantz zihoazela begiratu egin nien, mendiaren beste aldean desagertu ziren arte. Hala ere, nik ezagutzen nuen euren intentzioa. Neskatoa eskutik heldu eta mendian gora egin genuen babestuko gintuen zuhaitz handi baten bila. Topatu genuen eta eseri egin ginen. Neskatoari eutsi nion eta etorriko zen leherketaren burrundara itxaroten egon nintzen. (Jose Arrieta-P)

Intxarkundia Batailoiko gudaria nintzen eta 16:00ak aldera Gernikara helduko zen trenean nengoen. Nire etxera egindako bisitaldi motz batetik bueltan nintzen, baina ez ginen herrira arte iritsi. Hegazkin bakar bat Gernika bonbatzen ari zen eta kanpoaldean gelditu ginen, Segundo Olaetaren etxetik hurbil, Txokiloa eta Lurgorri artean. Jende guztia trenetik korrika atera eta sakabanatu egin zen. Jende gehiena handik hurbil zeuden zuhaitzetan babestu zen. Aurrez esperientzia hori izana nuenez, lur-erreten sakon bat nahi nuen eta horixe topatu arte aritu nintzen korrika. Denbora batez lur-erretenean egon nintzen eta bat-batean gogoratu nintzen arropa zikinen poltsa trenean utzi nuela. Hegazkinak alde egin zuenean, trenera itzuli nintzen jasotzera. Gero, herrirantz joan nintzen oinez. Ez nuen askorik egin oinez, paketean zerbait desberdina igarri nuenean. Ez zuen nirearen antzik. Zabaldu egin nuen eta harrituta gelditu nintzen lau kilo haragi zituela ikusi nuenean.

Gaizki sentitu nintzen beste norbaiten haragia hartu nuelako, batez ere hain zelako garestia eta lortzen zaila. Segituan, buelta eman eta trenerantz joan nintzen, baina ez nintzen oso urrutira heldu ibarreko goiko aldetik zetozen "tranbien" zarata sorra entzun nuenean. "Tranbia" deitzen genien gure aurka alemaniarrek erabiltzen zituzten hiru motorreko bonbaketari mantso eta pisutsuei. Ikusi nituenean oso baxu zetozela, bonbatu egingo gintuztela jakin nuen. Berriz ere lurerretenera bidean korrika hasi nintzen. Nire bizitzak lau haragi kilok baino gehiago balio zuela pentsatu nuen. (Jon Aitita-P)

Hegazkin txiki hura gure bistatik aldendu zenean lixatzen jarraitu nuen. Denbora ez asko beranduago, goiko bizilagunak herrian soinu indartsuak entzun zituztela esatera etorri ziren, leherketak ziruditen soinuak. Nire segurtasunak kezkatzen zituen. Nire amagaitik ere arduratuta zeuden, Iruña jatetxera joan zelako lanera. Bonbaketa bat zer zen ez nekienez ez nuen beldurrik sentitu, baina kuriositatea bai. Goiko pisuko neska bat eta biok kalera atera ginen eta errepide ondoko zuhaitz batean eseri. Gertatzen ari zena zer zen ikusi nahi genuen. Ez ginen denbora asko han egon gudarien kamioi bat gelditu eta han egotea arriskutsua zela esan zigutenean. Barrura joateko esan ziguten eta arropa iluna jartzeko. Horrela, kalera ateraz gero ere pilotuek ez gintuzten ikusiko. Tontakeria zela iruditu zitzaigun, baina kasu egin genien. Arropak aldatu genituen eta lur-erretenera joan ginen aurpegia eta eskuak basaz lerdatzeko. Hori egiten geundelarik, errepide gainetik baxu zetorren hegazkin bat ikusteak harritu egin gintuen. Bere metrailadoreak tirokatzen ari zen! Lurrera erori ginen eta balek, soilik, errepidean jo zuten. Han egon ginen, lokatzetan eta uretan, eta izututa geunden, baina hegazkina ez zen itzuli. Azkenik, lur-erretenetik irteteko adorea izan genuen. Denek uste zuten guztia bukatua zegoela. Pentsatzen ari nintzen bakarra zera zen: arropa busti eta lohiez beterikoak kendu eta garbitzea. Garbitzen hasia nintzen hegazkinen zarata indartsua entzun nuenean. Begiratu eta hiru bonbaketari ikusi nituen. Gero beste hiru gehiago eta euren atzetik beste hiru. Kolore gris iluna zuten. Itsusiak ziren eta ezin nuen beldurraren beldurrez arnasarik hartu. Nire ama herrian zegoen. Ni korrika beregana joateko sekulako gogoz nengoen, baina besteek oztopoak jarri zizkidaten eta guztiok lur-erretenean sartu eta basatzetan eta uretan estutu ginen. (Pilar Maguregi-P)

Aurrezki-kutxa bateko ilaran nengoen, tren-geltokitik hurbil, izugarrizko leherketak sustoz ia hil ninduenean. Ez nuen inoiz nire bizitzan antzekorik entzunik. Eskuetan nuen dirua erori egin zitzaidan eta hurrengo gogoan dudana da Adolfo Urioste kalean nengoela, Ferialaren beste muturrera arte korrika eginez. Nire herriko hiru mutil

Tarteko unea

ikusi nituen, Errigoitikoak: Pedro Butron, Antonio Bilbao eta Hilario Ugalde. Niregana etorri ziren korrika eta guztiok ideia bera izan genuen: herritik ahal bezain azkarren alde egitea.

Andra Mari elizara bidean egin genuen guztiok korrika, Lumorantz zihoan errepidetik. Ur-biltegia zegoen kurba itxian hainbat pertsona ikusi genituen platanondo baten azpian. Gelditu egin ginen, ez baikenuen arnasarik, eta mutilek esan ziguten besteengana joan behar genuela, zuhaitzaren azpira. Ni ez nengoen ados. Eurak baino ikaratuago nengoen. Gainera, uste dut pentsatzen zutela bonbaketa amaituta zegoela. Utzi egin ninduten eta zuhaitz azpira bildu ziren, besteengana. Errepidean gora egin nuen, presaz. Etxera iristean pentsatzen nuen bakarrik, alegia, baserrira iritsi eta nire familiarekin egotean. Zuhaitzetik 200 metro inguru harantzago nengoen hegazkinen zarata entzun nuenean. Hegazkin askorena. Behatu eta ikusi egin nituen. Handiak eta mantsoak ziren eta zarata asko egiten zuten. Gernikarantz zetozen. Nirekin errepidean jende gehiago zegoen eta beldur ginen. Errepidetik atera ginen eta estalpe bila hasi ginen, zuhaitz artean. (Mauricio Bilbao)

Zaurituen zaratak entzun bezain pronto bonbatu zuten etxera joan ginen korrika. Etxeak noiz su hartuko zain nengoen, beldurrez. Hara heltzean, beste gudari batzuk pertsonetako batzuk erreskatatzen hasiak ziren. Biltegira itzuli nintzen korrika, anbulantzia modura erabiltzeko kamioneta baten bila. Itzuli eta edadeko emakume bati eta bere alabari kamionetan jartzen lagundu nien. Biak zeuden zaurituta, baina ez larritasunez. Emakume edadetuak bere senarragatik egiten zuen negar, antza bonba lehertu zen logelan zegoelako. Segituan atera zuten edadeko gizona etxetik. Erretiratutako guardia zibila zen. Uste dut hilda zegoela. Kamionetaren atzeko aldean jarri genuen, etxeko beste batzuekin batera, eta herriko iparraldean zegoen Karmele Deuna ospitalera eraman genituen. Mugimendu guzti harekin hegazkin txikiaz ahaztu nintzen eta harritu egin nintzen jakitean bonba gehiago jaurti zituela herrian.

Ospitalera heldu ginenean, arreta jasotzeko zain zauritu gehiago zeuden. Ahal genuen guztia egin genuen erizainek hartu zituzten arte. Orduan kalera atera ginen. Ez genuen joateko presarik. Bazirudien bonbaketa amaituta zegoela. Besterik gabe, berriketan gelditu ginen ospitalearen aurrean. Dena isilik zegoen. Denbora gutxira, soinu ahul bat entzun genuen. Hegazkinak ziruditen. Hegazkin asko. Zarata gero eta handiagoa zela igarri genuen eta, azkenik, ikusi egin genituen. Herriaren iparraldera zihoazen hegan. Buelta eman zuten eta guregana etorri ziren zuzenean. Bermeorako bidearen eta Oka ibaiaren artean zenbiltzan hegan. Uste dut erreka hartzen zutela erreferentzia puntu gisa. Jada, berandu zen, baina eurengana joan nintzen korrika. Ezki ilarak zeuden norabide hartan eta herritik aldendu nahi nuen. Banekien drainatzeko lur-erretenak zeudela babestu nahi nuen errekatik gertu. (Donato Aldatzgana)

Nire laguna eta biok herritik buelta bat ematen genbiltzan bazkalostean, hegazkin txiki bat zirkuluak eginez herriaren gainean hegan ikusi genuenean. Aurrez ez nintzen inoiz babesleku batera joan, baina oraingo honetan joan egin ginen, gurasoek egin behar nuenaren gaineko agindu zorrotzak eman zizkidatelako. Talleres de Gernika azpiko hormigoizko babeslekura joan ginen; trenbide ondoan zegoen arma-fabrika zen, herriaren ekialdean zegoena. Babeslekua jendez lepo zegoen. Han egon ginen lehen hegazkinak bonbak jaurtitzen zituen bitartean. Zertxobait beranduago, motor-soinua urruntzen zegoela nabari genuen eta, horregatik, babeslekutik atera ginen pentsatuz bonbaketa amaitu egin zela. Mutiko gazteak ginen eta kuriositatea genuen. Bonbak non erori ziren ikusi nahi genuen. Trenbidetik oinez hasi ginen eta geltokiko lehen kalteak ikusi genituen. Itxarongelan hainbat hondakin zegoen. Oraindik airean hautsa zegoen. Bonba estazioaren atzeko aldera erori zen, seguru aski andenaren gainera. Geltokiaren parean, plazan, pertsona bat zegoen etzanda, kalean, manta batekin estalita. Hilda zegoela pentsatu genuen, baina ez ginen ikustera joan. Geltokitik atera eta Don Tello kaletik joan ginen oinez eta ikusi genuen pisu-eraikin baten ertzean bonba bat erori zela. Han bilduta zegoen jendearen aurretik pasa ginen. Arana kondearen etxera arte joan ginen eta han txikizio gehiago ikusi genuen. Jabetza inguratzen zuen horma apurtuta zegoen. Trenaren bidearen paraleloa den horman erori zen hain zuzen ere bonba, sarbide polit baten alboan. Suntsiketa guztiak behatu eta berauek ikustera gerturatu ginen, hegazkin berrien hotsak entzun genituenean. Behatu eta hegazkin handi batzuk guregana zetozela ikusi genituen. Korrika hasi ginen eta Errenteriako zubiaren azpian ezkutatu ginen. Gudari batzuk ikusi egin gintuzten. "Irten zaitezte hor azpitik", egiten ziguten garrasi. "Zubi hori hegazkinen jomuga da". (Joseba Irudia-P)

Arana kondearen etxeko sotoan geunden lehenengo bonbak lehertu zirenean. Segituan, gure babeslekura jendetza etortzen hasi zen. Neska eta emakume asko beldurrez erotuta zeuden, nire hiru ahizpa eta bi lehengusina barne; heldu berrien artean zeuden eurak ere. Ni ere erabat beldurtuta nengoen, baina nire amak, aitak eta ahizpa zaharrenak kezka handia eragiten zidaten. Ez zituen inork ikusi. Kanpoan giroa lasaitu arte itxaron nuen, bonbaketak amaituta zirudienean. Orduan atera nintzen nebarekin. Beste edozeren gainetik nire ama aurkitu nahi nuen. Gure etxea handik etxe-sail batera zegoen. Orain pentsatzen dut hobe izango zela atera ez banintz. Ikusten nuenak eraginda, garrasi egiten nuen lazgarriki. Garteiz, Maria Angeles eta Modesta ahizpak, Gernikako neskarik eta ederrenak, lurrean zeuden hilik. Gudariak euren ama urruntzen ari ziren; berak ere begi bat zaurituta zuen. Bonba sarbidearen eta harrizko hormaren artean erori zen. Hormatik gertu babestuko ziren, seguruenera. Ezin nuen sinetsi ikusten ari nintzen izugarrikeria. Hamabost urte baino ez nituen orduan eta ezin nuen jasan. Negar batean ari nintzen eta babeslekura eraman ninduten. (Deunore Labauria)

    Ez zen denbora asko igaro leherketak eta gero zaurituak ekartzen hasi zirenean. Nire mutil-lagunak, Gernikara bidalitako gudaria zenak, zauritu batzuk ekarri zituen kamionetaz. Garteiz nesken ama zutik sartu zen ospitalean, baina mamu bat zirudien. Ileak goraka tente zituen eta aurpegia gris kolorekoa zuen. Metrailak egindako zauria zuen begi ondoan eta, pentsatu nuen, eta baita asmatu ere, galdu egingo zuela. Durduzatuta zegoen eta zerbait zioen bere alabez, ahopean. Berekin etorri ziren gudariek biak hil egin zirela esan zidan. Amak ez zekien zer gertatu zen.

    Beranduago, ospitaleko gela batean sartu nintzenean, nire izenez deika ari zitzaidan emakume bat entzun nuen. Behatu nuen, baina ez nuen errekonozitu. Azkenik, bere ahotsa entzun ostean, banekien nor zen. Ilea erreta zuen eta guztiz kizkurtuta. Berak ere aurpegia grisa zuen, bonbaketa nozitu zuten guztiek zuten bezalako kolorea. Pedro Uriguenen emazte gaztea zen. Haurra izan berri zuen. Shock egoeran zegoen eta gertatutakoa kontatzen ahalegintzen ari zitzaidan. Niregana ekarri zuen gudariak gainontzeko xehetasunak eman zizkidan. Bera eta bere haur jaioberria bere senarrak lan egiten zuen bitxitegiaren gaineko apartamentuan zeuden. Bera eta haurra gaixorik zeuden eta Pedro eurak nola sentitzen ziren jakiteko gora igo berria zen. Ondoko logelara joan zen bonba batek eztanda egin eta sabaia bere gainera erori zenean. Gudaria iritsi zenean, haurra garrasika zegoen eta bere senarra hondakin artetik ateratzeko ahaleginetan zebilen. Gudariak haurra eraman zuen eta, gero, ia derrigortuta, bera atera zuten, beranduxeago Pedro ekarriko zutela promestu ostean. Gudariak kontatu zidan, Pedro leherketaren eraginez segituan hil zela. (Angeles Atxabal)

    Elosegi kapitainak, Zarragoitia konpainiako komandantea zenak, erabaki zuen hobe zela metrailadoreak utzi eta zaurituta zegoen herriko jendea laguntzera joatea. Gutariko bospasei berekin joan ginen herriko erdigunera korrika. Karmele Deuna ospitalearen beste aldean dagoen kaleko puntu zehatz batean ikusi genuen lehenengo biktima.

Ondo jantzitako gizona, hogeita hamabost urte ingurukoa, belar gainean etzanda zegoen. Elosegi kapitaina bere bihotzeko taupadak entzuteko makurtu zen. Hilda zegoen. Ipar-ekialderantz joan ginen. Bonba guztiak zonalde hartan erori ziren. Zauritu eta hildako batzuk ikusi genituen, baina kalteak uste zena baino txikiagoak ziren eta pentsatu nuen Gernikak zortea izan zuela egoeratik libratzea hain kalte txikiekin.

    Segituan iritziz aldatu nuen. Kuartelera bueltan nindoan, oraindik, gaur egun ere, hitz egitea asko kostatzen zaidan eszena bat ikusi nuenean. Plaza txiki baten iparraldean jauretxe handi bat zegoen, herriaren ipar-ekialdeko sektorean. Jauretxe hau harrizko hormaz inguratuta zegoen eta bonba bat bertan erori zen, hormaren zati bat hautsiz. Bertatik gertu bi neska eta gizon bat zeuden etzanda, antza bertan babestu zirenak. Gizona eta nesketariko bat hilda zeuden. Beste neska oraindik bizirik zegoen eta txikitutako sabelaldetik hesteak zintzilikaturik zituen. Begiak zabalik zituen eta nire laguntza erregutzen ari zitzaidala zirudien. Bazekien hiltzeko moduko zauriak zituela, baina belauniko jarri nintzen eta eseraraztekoa borrokan ari zen. Sorbalda azpitik eutsi nion eta anda gurpilduna bidean zela eta ahal bezain azkarren ospitalera eramango genuela hitza eman nion. Begiratu egiten zidan, soilik. Ez zuen ezer esan. Neska ederra zen. Gaztaina argi koloreko ilea zuen. Oraindik eusten ari nintzaion eta anda gurpilduna noiz iritsiko zain berba egiten, hegazkinen soinua entzun nuenean. Bere sorbalden gainetik atzera begiratu nuen eta ikusi egin nituen. Alemaniar hiru motorreko zatar horiek ziren. Baxu zetozen eta justu gure gainean zeuden. Bira egin eta neskari begiratu nion. Hil egin zen. Frontean heriotza askotan ikusi nuen, baina emozioak gainditu egin ninduen. Leunki utzi egin nuen eta keinua egin beste gudari batzuk beraz ardura zitezen. (Juan Sistiaga)

    Udaletxeko babeslekura heltzea lortu nuen eta han nire ahizpetariko batekin eta ilobetariko birekin egin nuen topo. Endeiza aita eta beste bi apaiz gurekin egonak ziren aurrez. Penitentzia egiteko esan ziguten eta arrosarioa errezatzen hasi ginen. Batzuek euskaraz egiten zuten eta besteek gazteleraz. Gipuzkoatik zetozen errefuxiatu batzuk zeuden nire ondoan eta ume txiki batek esan zuen: "Amatxo, ahoa zabaldu behar al dugu?" "Bai, maitia", erantzun zuen amak. "Ama, Gure Aita errezatu behar al dugu?" "Bai, maitia", erantzun zuen berak. Haur horiek aurrez sufritu zuten egoeran pentsatzeak hunkitu egin ninduen; orain, hain lasai ikusten nituen berriz ere beste bonbaketa bat pairatzeko prest. (Patxike Irratia-P)

    Azkenik, nire neska-laguna eta biok babeslekura heldu ginen, herriko erdigunean zegoen kale estalira. Ez zitzaidan bere itxura gustatu.

Jendez gainezka zegoen eta amaitu gabe. Sabaiko altzairuzko plantxak falta zitzaizkion. Udaletxeko babeslekura joan behar genuela esan nion nire neska-lagunari. Banekien herriko beste edozein bezala segurua zela, baina berak ez zuen nahi irten. "Hementxe bertan gelditu behar genuke", erregutzen zuen. Erabat ikaratuta zegoen, baina, azkenean, babesleku hura abandonatu eta udaletxekora joateko konbentzitu nuen.

Udaletxeko babeslekua ez zegoen beteta heldu ginenean eta askoz lasaiago sentitu nintzen, baina, justu, une hartantxe elizako kanpaiak jotzen hasi ziren. Elizatik hurbil geunden. Hori kontuan izanik ere altu eta azkar ari zirela nabari zitekeen. Zertxobait beranduago bonbaketarien soinuak entzun genituen. Aruumm, aruumm, aruumm; soinu hura edonon errekonozitu nezakeen. Batzuk negarrez edota errezatzen ari ziren. Hegazkinen zarata entzuten genuen bitartean jendea isiltzen joan zen. Guztiok entzuten ari ginen. Hegazkinak oso hurbiletik pasatu ziren. Orain, bazirudien, urruntzen ari zirela. Entzuten jarraitu genuen, zaratak isildu ziren arte. Isilik geunden. Gero, berriz entzun genituen, hasieran urruti eta gero indartsuago, justu gure sabaiaren gainean hegan zebiltzala ematen zuen arte. (Santiago Ondarru-P)

Andra Mariko babeslekua jendez beteta zegoen bertara iritsi ginenean. Ikaratutako jendea zen, gu bezala, eta batzuk odoleztatuta zeuden. Arrazoiren batengatik ez zitzaigun babesleku hura gustatu. Nik banekien toki horretan ez nintzela salbu sentitzen. Hogei minutu inguru egon ginen Andra Mariko babeslekuan, joan genezakeen beste toki batzuei buruz eztabaidan. Udaletxeko babeslekua seguruagoa zela erabakita bertara joan ginen. (Uxua Mitxelena-P)

Nik berriki atzamarra galdua nuen zapata fabrikan eta herrian nengoen sendaketak egiten. Gernika erdiguneko babeslekutik gertu nengoen lehenengo bonba entzun nuenean eta, horregatik, babesleku hartara joan nintzen korrika. Segituan bete zen jendez. Jendea ez zen adeitasunik gabe jokatzen ari, baina jende gehiago sartzeko bultzaka ari ziren. Hori ez zitzaidan batere gustatu. Argi eta garbi, ez zitzaidan gustatzen herriko erdigunean atrapatuta gelditzearen ideia, herria bonbatua izango bazen. Aglomerazioak ere molestatu egiten ninduen. Ez nintzen aurretiaz beste bonbaketaren batean egona, baina sen hutsez toki ireki batean egotea hobea litzatekeela pentsatu nuen. Hantxe gelditu nintzen kanpoan, isiltasuna entzun arte, hegazkina joan zela pentsatu nuen arte. Orduan alde egin nuen eta kanpora joatean hartu nuen erabakiaz poztu nintzen. Nire etxerantz joan nintzen. Nire emaztea atera nahi nuen herritik. (Juan Ebai-P)

Hegazkin txikia joan zenean, izan genuen lehenengo erreakzioa izan zen laguntza behar zuen jendearen bila joatea. Don Tello kaletik ibili ginen eta bonba baten jomuga izan zen pisu bat ikusi genuen. Han gudariak zebiltzan laguntzan eta kalean aurrera jarraitu genuen. San Juan elizaren atzeko aldeko eraikin batean ere bonba lehertu zela ikus zitekeen. Han zaurituak egon baziren erretiratuta zeuden gu joan ginenerako. Ondo gogoan dut erakusleihoetako beirak apurtuta eta produktuak kalera jaurtita zeudela. Objektuen artean zapata asko zeuden eta nire lau lagunak eta ni berriz barrura botatzen hasi ginen. Hori egiten geunden hegazkin-hotsa entzun genuenean. Behatu eta hegoaldetik bonbaketariak zetozela ikusi genuen. Banantzea eta babesleku bila hastea erabaki genuen. Nire lagunetako bi Errenteriara bidean korrika hasi ziren. Beste biak iparralderantz joan ziren, errekari jarraituz. Ez dut gehiago eurotariko inoren berri gehiagorik izan. Nire senak herriko mendebaldeko mendietara zuzendu ninduen. San Juan elizaren ondotik egin nuen korrika eta herri erdiguneko kale estu bateko babeslekura heldu nintzen. Hark ez zirudien babeslekua zenik. Pinuz sendotutako sabaia zuen kale bat baino ez zen, baina arrazoiren bat tarteko barrura sartu nintzen.

Barrura sartu bezain pronto, oker ari nintzela konturatu nintzen. Jendez gainezka zegoen. Zutik zeuden, sardinak latan bezala. Handik atera nahi nuen. Bonbaketariak edozein unetan iritsiko ziren eta ez nuen nahi atrapatuta gelditzerik. Jende artetik bidea zabaltzen hasi nintzen, beste kalera begiratzen zuen beste sarrerara heldu nintzen arte. Neure buruarekin eztabaidan aritu nintzen kalera atera behar ote nuen edo ez erabakitzeko eta mendira korrika joateko. Babeslekuko barruko aldean, sarreratik gertu, espazio huts bat ikusi ez banu, seguruenera, joan egingo nintzen. Soilik pertsona bat zegoen han, hemezortzi edo hemeretzi urteko neska gazte bat; negarrez ari zen. Antza zenez, sarreratik horren gertu egoteak beldurtu egiten zituen gainerakoak. Toki ona iruditu zitzaidan, behintzat argi nahikoa zegoen eta nire inguruan zegoena ikusi ahal nuen. Hala ere, orain, ez zegoen denbora askorik. Hegazkinak gero eta hurbilago entzuten ari nintzen. Neskaren alboan makurtu nintzen eta negarrik ez egiteko esan nion, dena ongi aterako zela. Hegazkinen zarata gero eta altuagoa zen. Gero eta altuagoa. Eta, gero, neska gazteak bere bi nebak –bietako bat jaioberria– gure gainean zegoen etxean utzi zituela esan zidan eta euren bila joateko beldurra zuela. Nik ez nuen denborarik euren bila joatean pentsatzeko. Motor burrunbara indartsua entzun genuen. Bonbaketariak justu gure gainean zeuden. (Sebastian Uria)

Lehenengo ordua

Hegazkinak zuzenean guregana zetozela ikusi genuen. Beste bi lagunekin batera karrera eginez joan nintzen kuartelera arte. Metrailadorera justu denboraz iritsi ginen. Bonbaketariak hirunakako taldeetan zihoazen, Vak eginez, eta, justu, gure aurretik pasatu ziren. Tirokatzen hasi gintzaizkien. Tirokatzen jarraitu genien. Metrailadorea ondo zebilen. Zulo batzuk, beharbada, egiten genizkien, baina ez zuten eraginik nabaritzen. Gelditu gabe igaro ziren herri erdigunearen gainetik. Bonbak jaurtikitzen ikusten genituen. Gero, sekulako hauts eta kezko lainoen ostean desagertu egin ziren.

Geroago, ibarretik beste uholde bat zetorrela ikusi genuen. Eurak ere buelta eman zuten eta gelditu gabe igaro ziren. Tirokatu egin genituen eta madarikatu. Emaitza bera izan zen. Gelditu gabe joan ziren eta herriko erdigunean deskargatu zituzten bonbak. Hauts eta ke artean desagertu zirenean, lehenengo uholdea berriz zetorren, bigarren pasea eginez. Berriz ere, etsituki, eraisten ahalegindu ginen, baina frustrantea eta baliorik gabekoa izan zen; gure metrailadore txikiak ez zien molestatzen. (Faustino "Basurde" Pastor)

Sabinok eta biok bonbaketariak ikusi genituen eta lur-erreten batera arte korrika egin genuen. Justu denboraz heldu ginen. Bonbaketariek, justu gure gainetik egin zuten hegan. Buruak baxu izan genituen eta ez genuen begiratu norantz zihoazen. Gero eztanda indartsuak entzun genituen. Herriko erdigunea bonbatu zuten. Korrika atera ginen eta Sabinoren Kortezubiko senideengana zuzendu, baina ezin izan genuen heldu. Beste bonbaketari uholde bat zetorren. Isurbideko kanalera joan ginen korrika, gudarien kuartelaren ondora, hain justu agustindarren ondora. Leporaino genuen ura. Bonbaketariak, berriz, gure gainetik ari ziren hegan. Gudariek metrailadorearekin disparatu zieten, baina ez zuten eraginik izan. Oraingoan, hegazkinak behatzen gelditu ginen. Herriaren erdigunetik zebiltzan hegan eta bonbak nola erortzen ari ziren ikus genezakeen.

Herritik kezko lainoak ari ziren ateratzen. Orain, bonbaketarien lehenengo uholdeak bira eman zuen eta berriz zetozen, beste pase bat eginez. Une horretantxe, gora begiratu genuen eta ehiza-hegazkin batzuk ikusi genituen; zirkuluan zebiltzan hegan, altuago. Orduan, bonbaketariak gure gainetik ari ziren berriz. Gudariak tirokatzen jarraitzen zuten. Gero, bigarren uholdea etorri zen, beste pase bat egiteko. Azkar galdu nituen kontuak. Bonbaketariak etengabe zebiltzan herrian paseak eginez. Gainera, gehiago zetozen hegoaldetik. Zeruak hegazkinez beteta zirudien. (Aurelio Artetxe)

    Lumoko errepidetik igo genuen eta segituan ikusi genuen hegoaldetik zetorren bonbaketari uholdea. Herriaren gainetik pasatu ziren. Gero bira eman zuten eta, justu, Gernikako erdigune gainetik egin zuten hegan. Baxu ari ziren, gure alturan gutxi gorabehera. Bonbak botatzen eta hautsezko eta kezko laino handiak altxatzen ari ziren. Gero, hautsezko eta kezko laino batzuk haize ufadek eramaten zituzten. Beste uholde bat zetorrela behatzen geunden eta beste batzuk bira ematen ari ziren beste pase bat egiteko. Handik denbora gutxira herriaren gainean hegazkinak etengabe zebiltzan paseak egiten. (Jose Ramon Segues)

    Menditik oinez aritu ginen denbora luzez. Nekatuta geunden eta Lumoko elizatik hurbil eseri ginen deskantsatzeko. Gernikako eta ibar berde guztiko ikuspegi osoa genuen. Ikuspegia miresten ari ginen hegazkin txiki bat herrira hurbildu eta bira bat ematen ikusi genuenean. Gero, bonba batzuk jaurti zituzten eta hauts zurrunbiloagatik jakin genuen non erori ziren. Handik denbora gutxira, ez dut gogoan ze ordu zen, hegoaldetik Junker bonbaketari uholdea iritsi zen. Nik frontean aparatu horiek askotan nituen ikusiak. Beltzak edo ia beltzak ziren. V forma eginez hegan egiten zuten, hiruko taldeetan. Birak eman eta herriko erdigunea bonbatzen zuten. Gero, berriz ematen zuten bira eta herriari beste garbialdi bat ematen zioten. Norabide beretik beste formazio batzuk etorri ziren eta eredu berari jarraitu zioten.

    Ehiza-hegazkinak iritsi ziren gero. 17:00 aldera izan zen hori. Biplanoak ziren. Egun horretan, goizean, gure aurka tirokatzen aritu ziren berdinak ziren. Bonbaketariak gure alturara zebiltzan hegan, 270 metrora, baina batzuetan gorago edo beherago egiten zuten. Bonbak erortzean eguzkiaren argia islatuta ikusi ahal izan nuen. Ez ginen mugitu. Elizaren ondoan eseri ginen, soilik, eta gure hiri santuaren suntsiketa ikusi genuen. Gure euskal kausan pentsatu nuen eta nola ari zen suntsitua izaten. Molak Euskadi eta euskal herriaren arima suntsitu egingo zituela esan zuen. Une horretantxe egiten ari zen. (Donato Aldatzgana)

    Lanean ari nintzen lorategia utzi eta mendian gora egin nuen korrika. Ahal banuen Lumora iritsi nahi nuen. Ez nuen lortu. Bonbaketariak bazetozen. Ilunak ziren eta pisutsuak ziruditen. Baxu zetozen eta herritik pasatzean metrailadoreak disparatzen hasi ziren. Ni zuhaixka batean nengoen, Markinako gudari batekin batera. Hamar gudarik babesa topatu zuten lur-erretenetik atera berriak ginen. Metrailadoreak lur-erretenaren aurka tirokatzen ari ziren. Baletariko

Lehenengo ordua

batzuek gure ondoan jo zuten eta korrika hasi ginen. Azkenik, beste lurerreten bat aurkitu genuen. Han gelditu ginen. Bonbaketari uholdeak iritsi ziren. Bonbetariko asko erortzen eta lehertzen ikusi nituen. (Andrea Lorategi-P)

Nire aita estalitako sarreran zegoen, justu udaletxe kanpoan. Lau gudarirekin zegoen. Ez zuen nahi atearen beste aldean zegoen babeslekura joaterik. Hegazkinak iritsi baino lehen jatetxera joan zezakeela pentsatu zuen, baina hegazkinak iristen zihoazen heinean iritziz aldatu zuen. Zutabetariko batera arrimatu zen. Bonbaketariek justu euren gainetik egin zuten hegan. Orduan, justu, leherketa izugarria gertatu zen. Eraikinaren zati bat eta sarrera euren gainera jauzi ziren. Lau gudariekin batera han gelditu zen lurperatuta. (Miren Agirre)

Neskatxak bere ni nebak etxean utzi zituela kontatu berri zidan. Ni neskari begira ari nintzaion gure gainetik zetozen bonben txistuak entzun nituenean. Orduan sekulako leherketa egon zen. Lurrera bota ninduen. Neskatxaren gainera erori nintzen eta eraitsitako guztia gure gainera erori zen. Uste dut haurra unean bertan hil zela. Ez zuen ezer gehiagorik esan. Ez zen mugitzen. Nik sekulako mina sentitzen nuen, baina itotzen ari nintzen sentsazioa are okerragoa izan zen. Bularra zapalduta nuen eta birikak mugitu ezingo banitu bezala sentitzen nituen. Orduan leherketa gehiago entzun nituen. Gerturatzen ari ziren. Eta bonbetariko bat nire gainean eror zedin errezatu nuen. (Sebastian Uria)

Hormigoizko zutabera hurbildu nintzen eta itxaron egin nuen. Bonbak zetozela entzun nuen. Gero, sekulako eztanda egon zen. Horren atzetik gogoan dudan irudia da nire lagunaren ilea sutan ikustea. Jaka laster batean kendu eta buru gainera bota nion. Horrek sua amatatu zuen. Ez zegoen zaurituta. Biotako bat ere ez geunden zaurituta. Gure ingurura begiratu nuen. Bazirudien ez zegoela inor zaurituta. Zortea izan genuen. Bonbak guregandik gertu erori ziren. Ausiabartza zen plaza. Gure azpian ere kalteak nabari ziren. Eskailera azpian aparkatuta zegoen kamioia albo batera iraulita zegoen orain.

Ez genuen denbora askorik izan gure zorte onean pentsatzeko. Bonbaketari gehiago zetozela entzun genuen. (Xabier Alkorta)

Bonbaketariak gero eta hurbilago zeuden. Karmele Deuna ospitalearen beste aldeko horma baten atzean makurtu ginen. Hegazkinak gure gainetik pasatu ziren eta euren bonbak jaurti zituzten. Salbu sentitzen ginen. Bonbak aurrerago jauzi ziren, justu herriaren erdigunean. Hormaren ondoan egon ginen eta bonbaketari gehiago zetozela entzuten genuen. Oraingo honetan, guregandik gertuago bota zituzten bonbak. Hormaren kontra jaurti ninduela sentitu nuen. Une horretan konortea galdu nuen. Ez dakit une hori eta gero denbora batez zer gertatu zen. Nire lagunarengatik banandu nintzen. Hurrengo gogoan dudana da ospitale eta gudarien kuartel atzeko mendian hara eta hona nenbilela. Ikusi nituen zaurututako batzuk, baina durduzatuta nengoen laguntza eskaintzeko. (Augusto Barandiaran)

Andra Mari elizako kanpandorrea beterik zegoen bonbaketariak heldu zirenean. Gero leherketak hasi ziren. Kanpandorrea astindu zuten. Jendea garrasika zebilen. Airea hautsez beterik zegoen. Norbaitek leihoak hautsi zituen arnasa har genezan. Gero, beste hegazkin uholde bat gerturatzen entzun genuen. Nik ez nuen nengoen tokian gelditzerik nahi. Ez nuen uste kanpandorrea toki segurua zenik eta ez nuen ulertzen zergatik pentsatzen zuen baietz. Gutako batzuk alde egin genuen eta elizaren atzeko aldera jaitsi ginen. Aldare nagusiaren atzeko gelan ezkutatu ginen. Eztanda gehiago entzun genituen. Bazetozen. Ikara bizix geunden. Gero, leherketa indartsua entzun genuen. Atea kolpe batean itxi zen. Bonba handi bat guregandik gertu erori zen. Hegazkinak urruntzen entzuten genituen. Atera egin nahi genuen, baina atea ez zen zabaltzen. Ataskatuta zegoen. Ahal genuen indar gehienez bultzatu genuen, baina ezin zen zabaldu. Atrapatuta geunden. Denbora gutxira bonbaketari gehiago pasatzen entzun genituen gure gainetik. Errezatu baino ez genezakeen egin. (Mercedes Irala)

Andra Mari elizara heldu nintzen, justu etenik gabeko bonbaketa hasi zenean. Jende asko zegoen han, bi apaiz jesuita ere bai, Goikoetxea anaiak; gu lasaitzen ahaleginzten ari ziren eta animoak ematen. Juan Jose aitak penitentzia egiteko gomendioa egin zigun eta gero gure bekatuetatik aske utzi gintuen. Une horretan hiltzen baginen zerura joango ginela esan zigun. Berak handik gutxira alde egin zuen, laguntza espirituala behar zuen jende asko zegoela esanez. Fidel aita gurekin gelditu zen.

Zertxobait lasaiago geunden leherketak berriz hasi zirenean. Koru azpian babestu nintzen. Bat-batean eztanda entzun nuen eta elizako atzeko atea zabaldu egin zen. Lurra eta zenbait harri sartu ziren eta kez bete zen airea. Mugitzeko beldur nintzen. Isiltasunak agindu arte itxaron nuen. Hegazkinak bazihoazen. Minutu bat beranduago kanpora begiratu genuen. Sekulako zuloa zegoen kalean, justu elizaren atzean. Ura alde denetatik zihoan. Ubide nagusia apurtu zuen bonba batek. Leherketak etxea inguratzen zuen harrizko oholesiaren zati bat ere hautsi zuen eta gaztainondo bat arrankatu zuen. Gudari batzuk zeuden bertan eta hurrengo leherketetan ahoa zabalik mantentzeko adierazi ziguten. Horrek saihestuko zuen gure belarriak ez apurtzea. Zaratak min handia eragin zidan. (Maria Abascal)

Lehenengo ordua

Arana kondearen etxanditik hurbil geunden bonbak eragindako kalteez berbetan, urreratzen ari ziren bonbaketari uholdea ikusi genuenean. Segituan korrika hasi ginen. Hain zuzen ere, une horretan gizon batek garrasi egin zigun. "Koldarrak, ez alde egin justu behar zaituztegunean", esan zuen. Gelditu eta atzera begiratu genuen. Gudaria zen eta keinuak egiten ari zitzaigun, jenioz. "Etor zaitezte laguntzera", egin zuen garrasi.

Oso beldurtuta geunden, bonbaketariek bira eman zutelako eta zuzenean guregana zetozelako. Gogo txarrez itzuli ginen eta hiru pertsonari kamionetaren atzeko aldean jartzen lagundu nien. Eurotariko bat ezagutu nuen, baina ez nekien bere izena. Herriko ikazkina zen. Uste dut hilda zegoela. Kamioneta joan egin zen, baina ez dakit ospitalera iritsi ote ziren. Hegazkinak gure gainean zeuden eta bonbak lehertzen ari ziren. Portale batera joan nintzen korrika. Orduan hegazkin gehiago entzun nituen. Etorri eta bonba gehiago jaurti zituzten. Zorionez, niregandik hurbil ez zen bat bera ere erori. Bonbaketak jarraitu egin zuen eta, gero, isilunea egon zen. Portalean gelditu nintzen. Mugitzeko beldur nintzen. Minutu gutxi beranduago ez zen bonbaketaririk entzuten.

Ez nekien bonbaketa amaitu ote zen, baina handik joateko gogo biziz nengoen. Portalea laga eta herria zeharkatzen hasi nintzen korrika, Lumorako errepiderantz. Kalean jende gehiago intentzio berarekin ari zen. Kale batzuk kaltetuta zeuden eta Andra Mari elizatik gertu sekulako zuloa ikusi nuen. Zuloaren ertzetik pasa eta Lumorako errepiderantz joan nintzen korrika. Uren biltegira heldu nintzenean, jendea bildu zela ikusi nuen. Errepide azpitik pasatzen zen arroilan etzanda zeuden batzuk. Euskal Tabernako Cipri Arrien zen euretariko bat. Beste batzuk platanondo baten azpian zeuden. Orduan, hegazkin gehiago heldu zirela entzun nuen eta zuhaitzaren azpian zeudenengana gehitzea pentsatu nuen. (Kastor Uriarte)

Orain, bonbak erortzen ari ziren. Burrunba jasanezina zen. Busturiako mutil batek hagin artean zerbait ipintzeko esan zigun, ahoa itxi ez genezan.

Nik nire giltzak erabili nituen. Izugarria zen. Hautsa eta kea babeslekura sartu ziren. Mundu guztia paniko egoeran zegoen. Emakumeak garrasika ari ziren eta negarrez. Nik ezin nuen arnasarik hartu. Orduan, bonba handi bat gure gainera erori zen. Astindua sentitu genuen. Sabaia kraskatu zuen eta ura erortzen hasi zitzaigun. Erotzen hasia nintzela sinetsi nuen. (Teodora Neskamea-P)

Hain geunden estututa, ezin genuela mugitu. Alde guztietatik leherketak entzuten genituen. Batzuk babeslekura sartu ziren, Pasilekun bonba erori ostean. Nik ezin nuen arnasarik hartu. Arnasa falta

[65]

zitzaidan. Gero sekulako leherketa egon zen. Lurretik altxa gintuen eta guztiok elkarren gainera bota. Jendea garrasi egiten ari zen, baina inork ezin zuen mugitu. Konprimatuta geunden, baina gudariek ez zioten inori ateratzen lagatzen. Beroa jasanezina zen. Nik banekien hil egingo nintzela. Leherketak izugarriak ziren. Ikaragarrizko mina eragiten zuten belarrietan. Sabaitik lurra erortzen hasi zitzaigun. Hiltzeko zorian nengoela pentsatu nuen. Handik denbora batera ezin nuela zarata gehiagorik jasan uste nuen. Burua eta belarriak lehertuko balitzaizkit bezala sentitzen nuen. Gero hagin tartean zerbait jartzeko aginduak ematen hasi zitzaizkigun, ahoa ez ixteko. Modu horretara, leherketek belarrietan egiten zuten kaltea ez zen horren gogorra izango; hori suposatzen genuen. Josteko orratzak, artilea eta amaitu gabe nuen jertsea baino ez nituen. Nire parean zutik zegoen ume batek josteko orratzak erabili beharko nituela esan zidan, baina ez dakit lagungarria izan ote zen. Leherketetako batzuk, oraindik ere, min gehiago eragin zidaten belarrietan. (Miren Agirre)

 Bonbak gero eta hurbilago erortzen ari ziren eta jendea korrika zetorren gure babeslekura. Orduan bonba bat guregandik gertu jauzi zen. Leherketa sentitzen ari ginen eta sabaiko zakuetatik lurra erortzen ari zitzaigun. Nik ez nuen beldur askorik sentitu babeslekura zetorren jendearen egoera ikusi nuen arte. Batzuk odola galtzen ari ziren. Beste batzuek ilea erreta zuten. Bat-batean guztiak hunkitu egin ziren bi emakume espainiar babeslekura korrika sartu zirenean. Francoren alderdiko ezagunak ziren eta eurotariko baten semea Francoren burukidea zen. Mundu guztiak uste zuen herritik gutxienez duela sei hilabete alde egin zutela, baina ez zuten hala egin. Emakumeetariko bat gaixorik egon zen eta bera eta bere ahizpa ezkutatuta egon ziren. Bonbek euren ezkutalekutik aterarazi zituzten eta han barruan zeuden gurekin. Euren begiradan beldurra nabari zen, baina ez zuten zertaz beldurtu, ez behintzat guregatik. Ez genuen politikan pentsatzen. Arnasa hartu eta bizirik mantentzeko ahaleginetan genbiltzan. Aurretik merkatuan erosi nituen limoiak banantzen jardun nuen eta jendeak zurrupatu egiten zituen. Horrek arnasa hobeto hartzen laguntzen zuen. Bi emakume espainiarrak gupidaz tratatu genituen eta gure limoiak eurekin konpartitu genituen. (Iraultza Asla-P)

 Bonbaketa hasi zenean, trenbidea zeharkatu nuen Astra arma fabrikako sotoko babeslekura iritsi arte. Ehun pertsona inguru zeuden babesleku hartan. Hormigoiz egina zegoen eta jendeak segurua zela uste zuen.

 Ni beldurrez, ez nintzen ni. Lekuz kanpo nengoen. Bonbek hain zarata indartsua egiten zuten! Guztia orduantxe amaituko zela uste nuen.

Lehenengo ordua

Orduan burura pentsamendu lazgarri bat etorri zitzaidan. Ez zeuden gertu. Herrian zeuden, baina hegazkinek heltzen jarraitzen zuten. Gure norabidean zetozen. Oraindik bonbak jaurtitzen segitzen zuten. Hegazkin bat justu gure gainetik zetorren. Bonba bat lehertu zen. Zarata jasanezina zen. Harriak eta lurra erori zitzaizkidan gainera. Nire lagunak garrasi egin zuen. "Nire hankak, nire hankak", zioen garrasika. Ni ikaratuta nengoen. (Pilar Maguregi-P)

Ni Gernikako hegoaldean nengoen eta Bilborantz nindoan bonbaketa hasi zenean. Lehendakariak herrira bidali ninduen anbulantzia zerbitzuak konprobatzera; euskal gobernurako egiten nituen lan ez ofizialetako bat zen hori.

Bonbaketa intentsua hasi zenean heldu nintzen justu herrira. Autoa aparkatu eta kaleetan zehar korrika egin nuen. Bonbak erortzen ari ziren eta nik portaletik portalera egiten nuen korri, hauetan babestuz. Segituan, han zergatik ote nengoen galdetzen hasi nintzaion nire buruari. Ezin zen anbulantzia zerbitzua antolatzeko ezer egin halako bonbaketa baten erdian. Gainera, bonbaketari gehiago zetozela ikusi nuen eta herri guztia suntsitzera zihoazela ematen zuen. Ezer gutxi egin nezakeen une horretan jendearen behar espiritualengatik. Kalean zebiltzanak korrika euren burua salbatzeko ahaleginetan zebiltzan edota hilik zeuden.

Azkenik, bonbatik bonbarako tarteko une jakin bat aprobetxatuta, Gernikatik atera nintzen, Errenteriako zubitik Errenteria auzora bertara. Orduan, Arratzurako bidetik korrika eginez hasi nintzen. Ez nintzen urrutiegi joan hegazkin bat hurbildu eta babes bila lur-erreten batean sartzera derrigortuta egon nintzenean. Nire aurretik zihoazen emakume eta haur batek lortu zuten. Bonba bat gure artera erori zen. Leherketa indartsua izan zen. Segituan atera nintzen lur-erretenetik eta emakumearengana eta haurrarengana egin nuen korrika. Beste pertsona batzuk ere laguntzera etorri ziren. Norbaitek esan zuen umea emakumearen besoetakoa zela. Medikuntzaren alorrean ezin nezakeen eurengatik ezer egin. Bonbak ez zuen euren gorputzetan arrastorik utzi, baina kokotsetik odola isurtzen ari zitzaien; euren barne-organoak lehertu zituen bonbak. Absolbitu egin nituen eta benetan hilik zeudela jakin arte eurekin egon nintzen. Gero, errepidera arte jarraitu nuen. Garraiobideren bat aurkitu nahi nuen eta Aulestira arte heldu, nire ama eta gainontzeko familia guztia ikustera. (Alberto Onaindia)

Gure babeslekuko sarreratik begiratu genuen eta gure etxea sutan hasi zela ikusi nuen. Nire laguna sua itzaltzen laguntzeko prest zegoen, baina, orduantxe, lau gudari ikusi genituen zelaia zeharkatzen. Hegazkin bat tiroka ari zitzaien. Eurotariko hiru harrapatu egin zituzten. Bati ia besoa zuztarretik atera zioten sorbaldatik. Bat libratu egin zen.

Mutil haiek nola disparatzen zuten ikusten aritu ostean, une batez geunden tokian gelditzea erabaki genuen. Ez genuen ateratzeko beste aukerarik. Han gelditu nintzen hiru orduz, nire etxea nola erretzen ari zen ikusten. (Federico Iraeta)

Bonbak erortzen ari ziren, tren-geltokitik korrika gindoazela. Suntsitu egin zen eta guk korrika jarraitu genuen. Trenbide ondoan biltegi bat zegoen eta bertara joan ginen korrika. Hiru emakume zeuden bertan. Batzuk desmaiatu egin ziren eta leherketen erdian normaltasunera itzul zitezen ahalegindu ginen. Orduan, sarreratik txiki-txiki egindako errailak eta bagoi zatiak ikusten genituen airean. Horrek guztiak, metrailadoreen zaratekin eta jendearen garrasiekin, desanimatu egin gintuen. Bagenekien biltegi hartan gelditzeak heriotza esanahi zuela. Jendea utzi genuen eta korrika hasi ginen zelaia zeharkatzen. Metrailatzen ari zitzaizkigun. Pio eta biok burdinbideko bagoi baten azpira bota ginen, Martin beste norabide baterantz joaten hasi zen bitartean. Bagoiaren errobera artetik begira ari nintzela, biltegia goitik behera erori zela ikusi nuen. Lau aldeetatik behera etorri zen.

Beldurraren beldurrez, nire onetik kanpo nengoen eta ez nuen ondoren egin genuena kontatzeko azalpen arrazionalik. Arrazoiren batengatik tren-bagoia abandonatu genuen eta korrika egiten hasi ginen. Piok berari jarraitzeko errepikatzen zidan behin eta berriz, baina nik beste norabide bat hartu nuen. Trabarik gabeko zelaia zen eta nire gainean hegazkin bat nabaritu nuen. Metrailatzen ari zitzaidan. Lurrera bota nintzen eta kolpe bat sentitu nuen. Lurrak gainera zipriztindu ninduen. Paralizatuta sentitzen nintzen. Burua altxatu nuen eta nire ezkerreko sorbaldari ikaratuta begiratzen nion. Erabat apurtuta zegoen. Zainak, zapata-soka beltzen modukoak, lurrera odola isurtzen ari ziren. Nire eskumako eskuarekin eutsi nuen besoa. Tendoietatik zintzilikaturik zegoen. Igo eta zutik jartzea lortu nuen. Odol gehiago ari zen isurtzen nire sorbaldatik. Zerbait egin behar nuen. Zaurititako besoa eutsi nuen eta, gero, senari jarraituz besoa sorbaldatik gora altxatu nuen eta, horrela, bizkarrak sustengatzen zidan. Odola arropa barrutik isurtzen ari zitzaidala sentitzen nuen. Erre egiten ninduen. Gerrikoaren barrutik painelu bat sartu nuen erresumin sentsazioa gelditzeko.

Hemorragia gelditu ko zela banekien. Zelaia zeharkatu nuen balantzak eginez, lagun ziezadakeen norbaiten bila. Ezin niezaiokeen hegazkinei kasurik egin. Azkenean, dardaka, etxetxo batera heldu nintzen. Denda bat ematen zuen. Jendea zegoen barruan. Eurotariko batzuk ezagutu egin nituen. Azkoitiko errefuxiatuak ziren. Goma bat eskatu nuen torniketea egiteko. Emakumeek nire besoa ikusita, garrasi baino ez zuten egiten. Erregutzen ari nintzaien hemorragia gelditzeko

Lehenengo ordua

edozein gauza emateko. Azkenik, galtzerdi luze bat ekarri zuten eta gelditzen zitzaidan beso zatian lotu zidaten. Hotzez nengoen eta ahul sentitzen nintzen. Banekien ospitalera heldu behar nuela, baina atera nahi izan nuenean ez zidaten utzi. Erreguka esan nien han gelditu_z_ gero odolustu eta hil egingo nintzela. Orduan, Jose Alberdi, errefuxiatuetariko bat, nire laguna zena, hurbildu egin zitzaidan. Ospitalera ez banindoan hil egingo nintzela esan nion. Laguntzera etorri zitzaidan. Beste gizon batekin batera eraman ninduten, aulki batean eserita. Bonbak herriko erdiguneko toki guztietara ari ziren botatzen. Metro batzuk egin ostean, auto bat ikusi genuen. Bertan jarri ninduten eta nolabait heldu ginen ospitalera. Kaskabeltz deitzen zioten Azkoitiko mutil batek hartu ninduen eta besoetan eraman ninduen ospitalera, bertako horma bati eutsita lagaz.

Jose Alberdiri erregutu nion goma malgu bat ekar ziezadan. Alde egin zuen eta handik denbora batera gomarekin etorri zen eta zaurian lotu zidan. Hain min handia sentitzen nuen garrasi egin nuela. Hala ere, hemorragia gelditzen hasi zen eta odola nire gorputzean koagulatzen. Desmaiatzera nindoala sentitu nuen. Hotz sentitu nuen une horretan. Ordu erdi inguru igaro zen goma lotu zidatenetik. Joseri eta bere laguntzaileari —ez nuen bere izena jakin— eskerrak eman nizkien euren bizitza arriskatu zutelako ni ospitalera ekartzen. Orduan, Goikoetxea aita, apaiz jesuita zena, hurbildu zitzaidan eta konfesatu nahi ote nuen galdetu zidan. "Bai, aita", erantzun nion eta hormari eutsita geundelarik konfesatu egin nintzen. (Iñaki "Patxolo" Rezabal)

Orain, bonbak indartsuagoak ziren. Minutu gutxi aurretik, bonbetatik babesten ari zen jendearen artean ordena jartzen ibili nintzen. Jendea babesleku, bodega eta portaleetara sartzera derrigortu genuen, babesteko balio zezakeen edozein lekutara sartzen. Orain, leherketak gerturatzen ari zirenean, izututa zebiltzan txakur batzuk eta gu baino ez geunden bakarrik kalean.

Justu, azken unean, eraitsitako eraikin batera sartu nintzen korrika. Bi bonba sekula ez liratekeela toki berean eroriko uste genuen. Sineskeria hori genuen. Hormaren aurka babestu nintzen. Lurrak nire inguruan dar-dar egin zuen. Presio handia sentitu nuen kopetan eta buruak errementatu egingo zidala ematen zuen. Ezin nuen ezer ikusi eta zailtasunez hartzen nuen arnasa. Belarritik odola botatzen ari nintzen. Eta zutik gelditu nintzen, paralizatuta banengo bezala, leherketak ni nengoen zonaldean gelditu ziren arte. Orduan metrailadoreen soinuak entzun nituen. Mendirantz ihesi zihoan jendearen aurka tirokatzen ari ziren.

Bakarrik nengoen. Nire kideak desagertu egin ziren. Nik toki batetik bestera egin nuen oinez, laguntza eskaintzeko eta jendea hobeto antolatzeko ahaleginak egiteko. Gutxi zen nik egin nezakeena. Segituan ikusi nuen nire bitartekaria. Asteasuko mutil bikain bat, gerra hasi zenetik nirekin egon zena. Nire bila eta nitaz galdezka aritu zen. Elkarrekin pasa ginen erretzen hastear zegoen San Juan elizaren ondotik.

Ez dakit zergatik sartu nintzen Barrenkale kaletik, baina halaxe egin nuen eta harrituta gelditu nintzen Café del Norte zaharra ukitu ere egin gabe zegoela ikusita. Une horretantxe, zentzuz egin zitekeen gauza zen herriko iparraldeko zelaietara ihes egitea. Izan ere, bonbaketari uholde bakoitza urrundu ahala gu guztiok hiltzeko moduko kaltea egin zutela pentsatzen jardun nuen. Zoritxarrez, beti zegoen hegazkin-talde bat, joaten zirenen erreleboa hartzen zuena. Geldialdi horietariko batean bidali nuen nire bitartekaria kuartelera, laguntza ekartzeko agindua emanda. Ez nuen gehiago mutil hura ikusi.

Barrenkalen gure kapilauarekin topatu nintzen, Don Andresekin (Untzainekin); Gernikako Arronategi parrokoarekin batera, hilzorian zeudenei laguntzen aritzen zen. Don Andres desesperatuta eta heriotza bezain zuri ikusi nuen. Esan zidan: "Joan zaitez hemendik, guztiok hilko gaituzte".

Jendeak une bakoitza herritik ihes egin eta mendietan babesa topatzeko aprobetxatzen zuen, baina guk gure lanarekin jarraitu genuen. Gero eta zailagoa zen. Suntsitutako eraikinetatik zaurituak erretiratzeko ahaleginetan genbiltzan. Apurtutako horma eta lur azpian zegoen harrapatuta eta lurperatuta jendea. Ahal genuen bezain azkarren ari ginen lanean, jendea garrasika zebilelako eta zuzemenak egiten. Gure kuartelean eskatu nituen anbulantzietan ilaraka jartzen ari nintzen zaurituak, hormaren kontra ondo jarriz. Gure laguntza jaso gabe gelditu ziren batzuk. Egunak tardatuko genituen eurotariko guztien gainean zeuden hondakinak erretiratzen.

Beste hegazkin uholde bat zetorrela ikusi nuen. Orduan, trauma intentsua eragin zidan gertaera bizi izan nuen. Hautsez zikindutako emakume batekin egin nuen topo. Mate koloredun ilea zuen eta ezin zuen beste gauzarik esan hauxe baino: "Nire semea, nire semea". Bere etxea egon zen hondakin artera eraman ninduen arrastaka. Harri eta habe pisutsuak apartatzeko lanetan hasi nintzen, buru-belarri. Atzamar oskolak apurtu nituen ahalegin horretan. Bonbak erortzen ari ziren, baina ez nien kasurik egiten. Soilik nire atzean emakumea sentitzen nuen presente. Ez zidan deskantsatzen uzten. Orduan haurtxoa aurkitu nuen. Ez zituen hiru urte baino gehiago. Bere arropak ukitu nituen. Nire eskuak odolez bete ziren. Oraindik bero zegoen. Azkenik, bere gorpua erreskatatu nuen. Apurtuta eta hilda zegoen. Bere amari eman nion. Urte askotan emakume haren begiak ikusten egon naiz. Bere semea hartu eta sekulako oihua egin zuen. Gero, semea eskuetan zeramalarik, hondakinen artean desagertu egin zen. (Joseba Elosegi)

Bonbak lehertzen jarraitzen zuten eta leihoetako kristalak alde guztietatik zebiltzan hegan. Alabaina, ospitalera etenik gabe sartzen ari ziren pertsonei tokia aurkitu behar genien. Gure ohe guztiak beteta zeuden eta heldu berriak lurrean jarri behar izan genituen. Han zeuden mediku gutxiak kasurik larrienei irtenbidea bilatzeko ahaleginetan zebiltzan. Hauek, aukera zegoen unean, Bilboko ospitalera eramango zituzten. Hala eta guztiz ere, bonbaketak aurrera jarraitzen zuen eta bonbak erortzen ari ziren, behin eta berriz, guregana zetorren jende luizia bezalaxe. Desesperatuta nengoen nire betiko lagun eta bizilagunen gorputz apurtuak ikusten ari nintzelako. Ez nintzen ausartzen pentsatzera nire familia-kideei zer gertatzen ari ote zitzaien.

Uneren batean, bonbaketaren lehenengo orduan, nire izenez deika ari zitzaidan emakumezko baten ahots ezagun bat entzun nuen. Bira eman eta emakume baten aurpegia ezagutu nuen, narratuta. Gure bizilaguna zen. Bere seme txikiaren gorpua geldo ari zen eusten. Beregana joan nintzen korrika eta unean bertan ikusi nuen haurra zorigaiztoz zaurituta zegoela. Eurentzako tokia aurkitu nuen. Bilbora ebakuatu zituzten lehen pertsonekin batera eraman zuten haurra. Ziur asko, irten aurretik hil egin zen. (Angeles Atxabal)

Bigarren ordua

Azkenik tirokatzeari utzi genion. Ez zuen ezertarako balio. Gure metrailadorea eraginkortasunik gabea zen. Han gelditu ginen eserita, gure babeslekuan, herria sistematikoki nola suntsitzen ari ziren behatzen. (Faustino "Basurde" Pastor)

    Nik lur-erreten on bat aurkitu nuen agustindarren eskolaren ondoan. Behin baino gehiagotan pentsatu nuen handik ateratzea, baina han beste edonon egongo nintzen moduko seguru nengoela ondorioztatu nuen. Gure arriskurik handiena ehiza-hegazkin biplano txikiak ziren, bostak baino zertxobait beranduago iritsi zirenak. Bonba batetik besterako tarteetan, bonbaketariak ez zebiltzanean gure gainetik hegan, ehiza-hegazkinek beherantz egiten zuten eta mugitzen ari zen guztia metrailatzen zuten. Ia gurpilek belarra ukitzen zuten. Uhinak egiten mugitzen ziren, gorantz eta beherantz, eta euren artean jolasean zebiltzala zirudien. Nire inguruko inor ez zuten zauritu, baina handik metro gutxira, Tilos Pasealekuan, batzuk hil egin zituzten. Egiatan, hil zituzten gehienak errekaren luzera osoan hil zituzten. Hortxe ari ziren hegazkinak kontzentratzen. Horixe zen jende gehienak herritik ihesi zihoala hartzen zuen bidea.

    Gainera, bostak baino zertxobait beranduago, bonbaketariak suzko ehunka bonba jaurtitzen hasi ziren. Kezko lainoak altxatzen ari ziren herriaren gainetik. (Anton Foruria)

    Orain, hegazkinak zuzenean guregana zetozen beherantz eta metrailatzen ari zitzaizkigun. Korrika hasi nintzen. Ezin nuen saihestu. Benetako beharra sentitzen nuen, baina eutsi eta lur-erretenera jaitsi ninduten. Balek gure inguruan jotzen zuten eta gorputza ahal nuen gehien sakatu nuen lurraren kontra. Segituan, jende gehiago etorri zen korrika lur-erretenera. Gure gainera egin zuten salto. Ni neska txiki bat nintzen eta zapaldu egingo nindutela uste nuen, baina hori zen jendeak egin behar zuena. Bestela, hil egingo zituzten, baina handik gutxira itota hil egingo nintzela pentsatu nuen. (Karmen Zabaljauregi)

    Bonba batetik besterako denbora tarte batean, osabak mendian gora kanposanturantz eraman gintuen neba eta biok. Herritik urrundu behar genuela adierazi zigun. Ia kanposantuan geundela, korrika azkar egiteko esan zigun. Hegazkinak zetozela entzun nuen eta ahal nuen bezain azkarren egin nuen korrika. Lur-erreten bat zegoen han eta hara iritsi ginenean lurrean etzanarazi zigun, aurpegia beherantz jarrita genuela. Orduan hegazkinak etorri ziren. Gure gainetik azkar egiten zuten hegan. Metrailadoreen balek lur-erretenaren ondoan jotzen zuten. Nire osabak garrasika jarraitzen zuen: "Ez zaitezte mugitu, ez zaitezte mugitu". Hortaz, neba eta biok hantxe gelditu ginen, aurpegiak beherantz genituela, eta lur-erretena gure ezker-eskuin aldeetan erre zedin utzi genuen. (Kontxi Zorrozua)

  Bonba batetik besterako denbora tarteetan, bonbaketariak han ez zeudenean, ezkutatzeko toki seguruagoak bilatzeko ahaleginetan korrika ibiltzen ginen. Ahal zenik eta gehien urrundu nahi genuen herritik. Denbora tarteetako batean eremu zabal batean harrapatu gintuzten. Hegazkin bat zuzen zetorren guregana. Metrailatzen ari zitzaigun. Horma baten ondoan geunden eta bere atzean ezkutatu ginen. Bonba bat erori zen eta lurrera bota gintuen. Lurrez beterik geunden. Hormak babestu egin gintuen. Ez geunden zaurituta. Hegazkin hori urrundu zenean, korrika jarraitu genuen. Azkenik, zuhaixkez eta zuhaitz txikiz estalita zegoen errekasto batera heldu ginen. Jende gehiago zegoen han. Kezkatuta zeuden, hegazkinak hegan zenbiltzala korrika egin genuelako. Ikusi ote gintuzten beldur ziren. Etzateko esan ziguten eta ez mugitzeko. Zortea izan genuen. Pilotuek ez gintuzten ikusi. Han gelditu ginen eta bonbaketa osoa ikusi genuen. Hegazkinek gure ondoko zonaldea metrailatzen jarraitu zuten. Gainera, hegazkinek alde egin zutenean, munizio kaxak bota zituzten eta ia gainera erori zitzaizkigun batzuk. (Josefa Bilbao)

  Arroilan botata nengoen, beldurrez dardaka. Hegazkin bat altu zetorren, zuzenean guregana eta gu nahi zuen beste metrailatuz. Orduan bonba bat erori zen. Sekulako leherketa izan zen. Justu nire atzean erori zen. Ez zen zauriturik egon, baina atzera begiratzeko beldur nintzen. Gizon bat nire atzean zegoen zulo batean babestu zen. Itxura guztien arabera, bonba bere gainera erori zen. Azkenik, altxatu egin nintzen. Ikaragarria izan zen. Bere zatiak alde guztietan zeuden. Nire beste aldean emakume bat zegoen etzanda, hilik. Bere gorputzarekin bere iloba babesten egon zen. Tiroz zulatuta zegoen, txikituta. Haurra onik atera zen. Beste emakume bat haurraren gainera erori zen eta bere gorputzarekin babestu zuen. Metrailadorek gizon gazte bat eta bere neska-laguna hil zituzten; Gipuzkoako errefuxiatuak ziren. Ezin nuen sinetsi. Sinpleki, ezin nuen sinetsi. Amets gaiztoa bizitzen ariko banintz bezala zirudien hark. "Joan daitezela, mesedez, joan daitezela", jarraitu nuen errezatzen, baina ez zen izan horrela. Hegazkinek etortzen eta etortzen jarraitzen zuten, euren bonba eta metrailadore eta guzti. Uste dut Gernikako pertsona guztiak hiltzen ari zirela.

Bigarren ordua

Atzera bota nintzen lur-erretenean eta eurek metrailatzen jarraitzen zuten. Nire txanda itxaron nuen. Handik denbora batera, mutil gazte bat eta bere gurasoak korrika etorri ziren lur-erretenera. Ezagutu egin nituen. Handik gertu zegoen baserri batean bizi ziren. Haatik, handik minutu gutxira gaztea hil egin zen eta bere gurasoak zaurituta zeuden. Mirariz ni onik nengoen. (Juliana Itza)

Neska gazte bat nintzen eta asteleheneko jairako soinekorik onena neraman jantzita. Egun zoriontsua izan zen. Nire laguna eta ni Tilos Pasealekuan paseatzen genbiltzan, paseoaz gozatzen bonbaketa hasi zenean. Izugarri beldurtu ginen eta erdigunera itzuli ginen, korrika. Hala ere, gudari batzuek gelditu eta Bermeorantz egin behar genuela korrika esan ziguten, ahal genuen eta azkarren. Ogi eta txokolate pixka bat eman ziguten eta esandakoa bete genuen. Errepidetik korrika gindoazen eta hegazkinak gure gainetik pasatzean zuhaixketan ezkutatzen ginen.

Azkenik, bonbatik bonbarako tartean, Tilos Pasealekuko amaierara heldu ginen eta herritik ihesi zihoazen beste batzuekin topatu ginen. Zelai zabal batean geunden eta, hegazkinak gure gainetik zenbiltzanean, balek gure inguruan nola jotzen zuten ikus genezakeen. Norbaitek hil egin ziezaguketela esan zigun eta orduan negarrez hasi ginen. Pixkanaka Bermeoko bidetik aurrerantz jarraitu genuen, Muruetara iritsi arte. Han gerezipe batean ezkutatu ginen.

Handik gutxira, gure parean auto bat gelditu zen. Gizon bat, metrailadore batekin, kotxetik atera eta hegazkinei tiroka hasi zen. Garrasika hasi ginen, handik joan zedin esanez. Pilotuek gu ikusteko beldurrez ginen, baina denbora batez tiroka jarraitu zuen. Gero, alde egin zuen. Gu han gelditu ginen eta ez gintuzten gehiago tirokatu. (Natividad Apraiz)

Ni ez nintzen zelai zabal hartan lasai egon. Bonbaketaren lehen orduan, uneren batean, herrira arte egin nuen korrika. Herria bonbatzen ari zirenean izan zen, hain zuzen ere. Ez dakit zergatik egin nuen hori. Nire familiarekin topatzeko beharra nuen.

Azkenik, Barrenkalen zegoen Alegria doktorearen etxera heldu nintzen. Lehenengo pisuan babesleku txiki bat zegoen. Jendez beteta zegoen ni sartu nintzenean, baina nire familiako inor ez zegoen. Minutu batzuez han deskantsatzen gelditzea erabaki nuen. Tarte horretan ahotik odoletan zegoen gizon bat ekarri zuten, baina ezin genuenez ezer egin ospitalera eraman zuten.

Babesleku hura ez zen handia eta jendez lepo zegoen. Handik alde egin nahi nuen eta nora joango nintzen ari nintzen pentsatzen, baina une horretan argi-dirdaia ikusi nuen eta izugarrizko leherketa entzun.

Norbaitek kanpora behatu eta Ocho de Enero kaleko zerbitzu-estazioan, Boyra farmaziaren beste aldean, erori zela bonba esan zigun. Segituan hartu zuen sua inguruan zegoen guztiak. Arriskuan geundela ikusirik, zapiak ahoa estaltzen jarri genituen eta ateratzeko prestatu ginen. Ateratzen geundela Alegria doktorearen X izpien gelan beste bonba bat erori zela ikusi genuen.

Behin kalean geundela ezin genuen aurrera egin. Hondakinez beteta zegoen kalea eta kable elektrikoak suntsituta zeuden. San Juan elizara heldu ginen eta handik, astiro-astiro, Cuesta del Cojoko babeslekura joan ginen. (Anton Mintegia)

Bonbak gero eta hurbilago ari ziren jauzten. Horregatik, etxetik atera eta oilotokira joan ginen. Ni justu atearen parean gelditu nintzen, oiloak eskapa ez zitezen.

Hegazkinak etenik gabe zetozen. Oso baxu zetozen hegan eta dena metrailatzen ari ziren. Han barruan igaro genituen orduak lazgarriak izan ziren. Gero eta kezkatuago geunden, Gernikaranzko norabidean zihoazen auto eta kamioiak gure baserriaren pareko errepidean aparkatzen zituztelako. Gero, jendea korrika zetorren eta guregana batzen zen. Bagenekien gure bizia arriskuan jartzen zutela, baina ezin genezakeen ezer egin. Eurak ere babeslekua bilatzeko eskubidea zuten. Kexatu egin ginen, baina ez zegoen astirik arriskurik hartu gabe itzuli eta autoak mugitzeko. (Angela Uruburu)

Bigarren orduko uneren batean, guregandik gertu bonba erori zen eta ebakita zegoen arto lehor saila suntsitu zuen. Horren atzean geunden gu ezkutatuta. Korrika hasi ginen ezkutatzeko leku bila eta uste dut negarrez eta garrasika genbiltzala. Gazteak ginen eta ikaratuta geunden.

Metrailadoreekin guri ari zitzaizkigun tiroka. Etsituki toki seguru bila ari ginen, eurengandik ihes egiteko. Korrika jarraitu genuen, eurak saihestuz eta geure burua ezkutatuz. Une horretan, Asilo Calzadatik pasatu ginen eta bonba bat bertan jauzi zela ikusi genuen. Herriko erdigunean kea eta sua zegoela ere ikusi genuen. Bilboranzko errepidetik korrika gindoazen; gurekin batera beste asko. Jende guztiak herritik alde egin nahi zuen. Herriko etxe asko sutan zeudela ari ziren komentatzen eta horrek gure panikoa areagotu egin zuen.

Beranduxeago, errepide ondoko lur-erreten batean geunden ezkutatuta, hegazkin batetik metrailadoreekin tiro egin zigutenean. Lur-erretenean, gure ondoan zegoen emakume bat jo zuen. Beregana joan ginen laguntza ematera. Larri zegoen zaurituta. Hala ere, berak bere alabari mezua ematea nahi zuen. Zein tristea! Ezinezkoa zirudien hura gertatzen ari zela sinestea. Eta ezinezkoa zen inori laguntzerik, guztiok

Bigarren ordua

metrailadore-operadoreek ikusteko beldur baikinen. Hain txarto sentitzen nintzen! Hala ere, emakumea utzi eta korrika eta ezkutatzen jarraitu genuen, betiere herritik alde egiten ahaleginduz. (Rafaela Baltza-P)

Erotzen ari nintzela uste nuen. Bonbek lehertzen jarraitzen zuten eta etenik barik ari zitzaizkigun metrailatzen. Oraindik ere okerrago: korrika alde egiteko nahia kontrolatzen ari nintzen. Ahal nuenik eta azkarren korrika egitea nahi nuen, hori bakarrik. Arrazoiren batengatik korrika alde egiteko gogoa handiagoa zen bizitzeko gogoa baino. Badakit. Bonbak eta metrailadoreak gero eta gertuago sentitzen nituenean korrika alde egiteko nuen gogoa orduan eta handiagoa zela.

Azkenik, ezin izan nion egoerari eutsi. Basatzatik eta uretatik altxatu eta ahal nuenik eta azkarren egin nuen herriko erdigunera korrika. Jendeak garrasi egiten zidan eta gelditzeko eskatu, baina ez zuen funtzionatu. Neure onetik aterata nengoen. Kaltzada kaletik korrika egin nuen, Asilo Calzada paretik. Eraikinaren eskumako aldea bonbek eraitsi egin zuten. Haatik, bonbatutako zonaldera korrika jarraitu nuen. Suteak gero eta biziagoak ziren. Orduan ohartu nintzen zapatak galdu nituela. Ez nekien ez non eta ezta nola ere, baina ez zitzaidan axola. Itxura lazgarria izan behar nuen: aurpegia lokatzez beteta eta guztiz bustita, ortozik kaleetan zehar korrika.

Uste dut Gernikako erdigunera joan nintzela korrika, nire ama han zegoelako. Bera zen neukan guztia. Bera zen nire segurtasuna. Zorionez, ez nuen lortu Feriala baino haratago pasatzerik. Pasilekun zeuden gudari batzuek ikusi eta gelditu egin ninduten. Eurekin joatera eta estalita zegoen plazako azaleran babesa hartzera derrigortu ninduten.

Hurrengo gogoratzen dudana da ondoeza eta zorabioa sentitu nituela, desmaiatzeko puntuan banengo bezala. Gudarietako batek plazako atzeko aldera eraman ninduen, babeslekuetatik gertu, eta jendeak tokia egin zidan eseri nendin. Gogoan dut nire ondoan eserita zegoen apaiza. Ni bezala beldurtuta zegoen. Tristea izan zen abade bat horrela ikustea. Beste abade bat ere bazegoen, Laudate aita, ausardia handia zuena. Batetik bestera ari zen, mundu guztiari pozkida eta bizi-hatsa ematen.

Gudari gizajoak guztietatik lan gogorrena zuen. Ni bezala beste asko erotuta eta etsita zeuden, batez ere bonba batetik besterako tartean, ehiza-hegazkinak herritik alde egiten zegoen jendea bilatzeko hegan ari zirenean. Gudariak bere arma erabili behar izan zuen jendea gelditzeko. Gogoratzen naiz nire ondoan zegoen bikote koitadu bat. Ferial kaleko euren apartamentuen eraikina sua nola ari zen hartzen ikusten ari zen. Joateko baimena eskatu zuten. Gudaria eurak bezala ari zen sentitzen

[77]

etxea su garretan ikustearen sentsazioa. Arma eurengana apuntatu zuen. Alde egingo bazuten, tiro egingo zien. Badakit bizia salbatu ziela. Une hartan Feriala zeharkatuz gero, unean bertan hilko ziren. (Pilar Maguregi-P)

Bonbaketariak urruntzen ziren bakoitzean betirako joan zitezen errezatzen nuen, baina beranduago berriz zetozela entzuten genituen. Orduan itxaron egin behar genuen. Gu izango ginen hurrengoak? Gero leherketak entzuten genituen. Batzuetan herriaren beste aldean entzuten genituen eta bagenekien seguru geundela, baina geroxeago hurbil entzuten genituen; hain gertu, zaratak burua lehertuko zidala uste izaten nuela. Azkenik, operazio hori behin eta berriz errepikatu eta gero hil egingo ginela onartu genuen. Gernika bonbatuko zuten han zeuden pertsona guztiak hil arte.

Babesleku hartan igaro genituen orduak lazgarriak izan ziren. Jendez beteta zegoen eta bero asko egiten zuen, baina txarrena haur baten negarra zen. Negar eta negar ari zen, besterik ez zuen egiten. Amak ordurako ez zion bularrik ematen eta, hortaz, ez zegoen beretzako janik. Eta negar hark emakume guztioi sekulako agonia eragiten zigun. Ia neure onetik atera ninduen. Txandaka aritu ginen ama koitaduari egoera arintzen laguntzeko. Haurrak tarteka lo hartzen zuen, baina leherketek berriz iratzartzen zuten. Uste dut han geunden gehienak kanpora atera eta bonben eta metrailadoreen aurrean arriskua hartzeko prest geundela ume harentzako esnea lortzeko helburuz. (Sofia Sarria)

Bonbaketaren orduak pilatuta eta desordenatuta daude nire burmuinean. Bonbaketa, metrailaketa eta bonbaketa gehiago. Hori zen dena. Badakit bonbaketaren bigarren orduko uneren batean gure pisuko eraikinera bonba erori eta suntsitu egin zuela. Gu handik metro gutxira baino ez geunden. Eraisten ikusi genuen. Une hartan, nire aita gizajoan baino ezin nezakeen pentsatu. Seguruenera ez zen etxean egongo, baina hain zegoen etxe hartaz harro! Etxe hura erosteko urte askotan aurreztu zuen. Nik asko maite nuen aita, beste edozein alabak bezala. Denbora asko igaro nuen beregan pentsatzen, neure buruari galdetuz non egongo ote zen eta beretaz kezkatuta. (Deunore Labauria)

Zarata izugarria zegoen. Belarriak lehertuko zitzaizkidala pentsatu nuen. Orduan, hain justu, gure babesleku gainera bonba jaurti zuten. Hautsa eta txirbilak erori zitzaizkigun gainera. Emakume eta haurrek garrasi eta negar egiten zuten. Hala eta guztiz ere, babeslekuak ez zuen kalterik. Zortedunak ginen, udaletxea hain sendo eraiki izanagatik. Gure babeslekuko sarrera baino ez zen kaltetu. Sarrerako arkupea hondoratu egin zen eta arrokazko tonek babeslekuko sarrerako atea blokeatzen zuten. Gure gainera erori ziren hondakinek eragindako zenbait harramazka kenduta ez zen inor zauritu.

Alabaina, handik lasterrera, beste arazo bat izan genuen. Gelako airea hautsez beteta zegoen. Bolbora usain gogorra zegoen eta ez zegoen aireztapenik. Gutxienez hogeita hamar lagun zeuden, bata bestearen alboan pilatuta. Gero eta bero gehiago egiten zuen eta gero eta gehiago kostatzen zen arnasa hartzea. Bonbek erortzen jarraitzen zuten eta gu han geunden, eztulka eta arnasa zailtasunez hartzen. Umeak eta besoko haurrak kexuka eta negarrez ari ziren eta, bitartean, emakumeak kontsolatzen ahalegintzen. (Santiago Ondarru-P)

Handik denbora batera ez nuen inongo minik sentitzen. Ez nuen nire gorputza bera ere sentitzen. Gorputzik ez neukala zirudien. Ezin nuen ikusi ere egin. Zerbaitek begiak tapatzen zizkidan. Alabaina, entzun bai, gertatzen ari zen guztia entzun nezakeen. Entzuten ziren soinu bakarrak ziren hegazkinenak, bonbenak eta erortzen ari ziren eraikinenak. Badakit hil egingo nintzela, baina ez nuen nahi asfixiaz astiro-astiro hiltzerik. Eta bonbetako bat nire gainean eror zedin errezatzen ari nintzen. (Sebastian Uria)

Guztiok uste genuen hil egingo ginela. Orduan su bonba txikiak botatzen hasi ziren. Horietako bat sakristian jauzi zen eta, segituan, apaizen jantziek su hartu zuten. Aita Arronategik eta Faustino Ruizek sua amatatzeko eta jantziak salbarazteko laguntza eskatu ziguten, baina sua itzaltzeko ezer gutxi egin genezakeen. Jantzietako batzuk baino ez genituen erretiratu. (Maria Abascal)

Piedad dagoen tokian geunden, elizako erdigunearen eta sakristiaren –abadeak janzten ziren tokiaren– erdigunean. Gurekin batera bere seme txikiarekin zegoen gizon bat zegoen. Haurra negar batean ari zen. Nik ez nekien bere ama non zegoen. Gutako inork ezin izan genuen lasaitu. Niretzako negar haiek hain mingarriak ziren! Leherketen zaratak bezain besteko errukarriak ziren. Guztiok hil egingo ginela uste genuen.

Bonbaketak iraun zuen uneren batean su bonba batek leihoa hautsi eta sakristiak su hartu zuen. Apaizentzako lan egiten zuen emakume batek jantziren bat edo beste salbatzea lortu zuen jendearen laguntzarekin, baina suarekin ezin izan zuten ezer egin. Kiskaltzen jarraitu zuen. Nolanahi ere, han gelditzea erabaki genuen. Une batez sua ez zen handia izan. Gainera, bonbak toki berean bi aldiz ezin zuela erori uste genuen guztiok eta han baino seguruago inon ez ginela egongo. (Juanita Barrutia)

Medikuek ospitaleko beheko solairura jaisteko agindua eman zidaten. Egiazki, soto erdia zen. Leihoak begien parean gelditzen zitzaizkidan. Toki arraroa zen eta ez zitzaidan hara joatea gustatzen. Arratsalde hartan bereziki ilun eta misteriotsu zegoen. Ez geneukan elektrizitaterik eta kandela gutxi batzuk baino ez. Herriak gainean zuen kezko mantuak argi natural gehiena blokeatzen zuen.

 Jatorrian, ospitaleko beheko solairu hau gorputegia izan zen, behin-behinean erabiltzen zutena. Bonbaketaren hasieran zazpi gorpu zeuden hor behean. Orain, gorputzak alde guztietan zeuden, baita sarreraren ondoan ere. Eta libre zegoen espazioa erabili behar nuen ospitalera etortzen jarraitzen zuten zaurituatako pazienteak hartzeko.

 Nitaz aparte zenbait mojak, erizain laguntzaileek eta batailoietako gudarien medikuak egiten zuten beheko aldeko area horretan lan. Bonba eztanden eraginez leiho guztiak hautsita zeuden eta behin baino gehiagotan ikusi nuen nola sartzen zen hautsa leihoetatik. Eta, leihoetatik haratago, metrailadoreen balak lurra nola kolpatzen zuten sentitu nuen.

 Gure medikua, egun hartan gainerako mediku guztiak bezala, zaurituengatik ahal zuen guztia egiten ari zen. Hala ere, gauza gutxi zituen lan egin ahal izateko. Gainera, bere tragedia pertsonala bizitu behar izan zuen. Sotora jaitsi aurretik hiru urteko neskatxo bati erantzuten ari zitzaion, gudari bat sartu eta bazter batera joateko deitu zionean. Ez nuen entzun gudariak esan zuena, baina medikua itzuli egin zen eta neskatoari benda jartzen bukatu zuen. Beranduxeago, moja bat zerbaitegatik kexatu zenean, medikua haserretu egin zen eta, gero, barkamena eskatu zuen, esanez bere anaia hil egin zela. (Miren Lorea-P)

 Konfesatu ostean, Goikoetxea aitari nire emaztearekin biltzeko eskatu nion: gertatu zitzaidana kontatzeko eta ondo konfesatu nintzela esateko. Bera Bermeon zegoen errefuxiatuta. Seguru asko hil egingo nintzela uste nuen eta banekien bera askoz lasaiago biziko zela ondo konfesatzeko aukera izan nuela jakingo bazuen. Goikoetxea aitak hala egingo zuela esan zidan. Gero, agur esan zidan eta zauritu nituenak barkatzeko gomendioa eman zidan. Hitzeman nion egin nuela eta joan egin zen. Laguntzaileek ohean etzaten lagundu zidaten gero. Min izugarria nuen, baina ni bezala beste hogeita hamar edo berrogei pertsona zeuden ospitaleko zonalde horretan. Eta minuturo zaurituak heltzen ziren. Lur osoa odolez beteta zegoen eta lanean ari ziren lau gizon-emakumeak noizbehinka odoletan labaindu eta erori egiten ziren, arropak zikinduz. Hegazkinek bonbatzen jarraitzen zuten. Noizbehinka, nire ohearen ondoan zegoen balkoiko leihotik ikusi ahal nituen. Bonbek eztanda egiteak molestatzen zidan gehien, batez ere gertu erortzen zirenean. Nolabait, bonba haiek nire mina areagotu egin zuten. Batzuetan, errezatu egiten nuen bonbaren bat erortzen bazen azkar hil

Bigarren ordua

ziezadan. Ez nuen nahi bizitzen segi gorputza oraindik ere birrinduago izanda.

Nire ondoko ohean gizon bat agonian zegoen, zauri batek eraginda. Arreba zuen ondoan, negarrez. Gizonak besarkatu egin zuen eta uzteko eta ama kontsolatzeko eskatu zion, baina ez zen joaten. Bere ondoan egon zen bonbaketak iraun zuen denbora guztian. Arrebak esaten zion, hilko baziren batera hilko zirela.

Nire ondoan zeuden beste paziente batzuk, zauri hain larriak ez zituztenak, euren ohe azpietan sartzen ziren hegazkinak urreratzen zirenean. Nik moztuta nuen besoa baino ezin nuen mugitu, zailtasun eta min askorekin. Ohe gainean gelditzen nintzen eta errezatu egiten nuen. (Iñaki "Patxolo" Rezabal)

Tragikoa zen emakume hura bere semearekin joan eta gero, sekulako nekea sentitzen hasi nintzen. Gainera, inguruan gertatzen ari zen guztiaren eraginez makalaldi antzekoa sentitzen nuen. Hain sentitzen nuen inpotentzia handia! Zer egin nezakeen? Ezin nezakeen ezer egin.

Ordu bete pasatu zen gutxi gorabehera bonbaketaren hasieratik. Ehiza-hegazkinak iritsi eta gure inguruan azkar ari ziren mugitzen, biziraun zutenei tiroka ari zirelarik. Metrailadoreen suaren erdian, herriaren erdigunean zegoen Ferialera hurbildu nintzen. Bidean ikusi nituen kalteak sinestezinak ziren. Eraikin gehienak sutan ari ziren edo suntsituta zeuden; zutik, soilik, horma nagusiak zituzten. Hala ere, mirariz, eraikin bat edo beste kaltetu gabe zegoen.

Ferialak heriotza eta suntsiketa irudi suntsigarria zuen. Merkatu eguna zenez, animalia asko egon ziren aurrez han. Orain, gehiengoa hilda zegoen. Gorpuak, arraildu eta hondatuak, Ferial osotik barreiatuak zeuden. Batzuk metrailatu egin zituzten. Oraindik bizirik zeuden bildots batzuk ikusi nituen. Hondakin artean zebiltzan, euren amei beeka.

Minutu batzuez, hegazkinak airean ez zebiltzan geldialdi horietako bat egon zen. Orduan jendea kaleetatik korrika ikusi nuen. Herritik alde egin nahian zebiltzan. Uste zuten terreno libreak segurtasun gehiago emango ziela. Nik banekien ehiza-hegazkinak jendea espazio librera noiz aterako zain zeudela metrailatzen hasteko, baina ezin nuen ekidin jendeak alde egiterik. Gainera, beharbada zortea izango zuten. Agian babesleku seguru bat topatzeko gai izango ziren eta guztiok murgilduta geunden infernu hartatik eskapatuko ziren.

Haatik, hegazkinak berriz etorri ziren. Ni hain makal nengoen, ez nintzela babeslekurik topatzen ahalegindu. Euskarri bati eutsi nion. Metrailadoreek noiz tirokatuko ninduten zain egoteko erabakia hartu nuen. Orduan, leherketak entzun nituen. Iparraldetik hasi ziren. Gure kuartelean eta bertan zegoen jendean pentsatu nuen. Euregatik kezkatuta nengoen. Gero, bonbak herri osora hasi ziren erortzen eta eztanda berri bakoitzak aurrekoa baino indartsuagoa zirudien. Azkenik, kezko lainoen artetik, niregana zetozen hiru bonbaketari ikusi nituen. Arnasarik hartu gabe, bonba jaurtiko zuten une zehatza kalkulatzen ahalegindu nintzen. Orduan dardarka hasi nintzen eta segundo bat baino gutxiagoan bonbak erortzen ikusi nituen. Gizakiaren barruko tokiren batean bizirauteko instintua dago, intentzio kontzienteetatik aparte dagoena. Nik instintu horrekin erreakzionatu nuen. Nigandik hurbil zegoen krater batera buruz bota nintzen. Lurrak ikara egin zuen eta eztandaren zarata gorgarria izan zen. Gainera erori zitzaizkidan harriak eta lurra. Ia-ia hobiratuta nengoen. Han gelditu nintzen, sudurra lur soltean jarrita nuelarik. Ikaragarrizko usaina zegoen. Suaren usaina zegoen. Gero, gorputza mugitzen hasi nintzen. Uste nuen nonbaiten zauriren bat nuela, baina ez nuen. Harramazka batzuekin eta muskuluetako minez soilik, biziraun egin nuen.

 Krater kanpora atera nuen burua. Dena beltz zegoen, bat-batean gaua iritsi balitz bezala. Kezko laino beltzetan suaren argia baino ez zen islatzen. Orduan, berriz, hegazkinak zetozela entzun ahal izan nuen. Nire ingurura begiratu nuen. Inguruetako eraikinetan argi zuri dirdiratsuzko leherketak ikusi nituen. Suzko lorratzak lurrera erortzen ari ziren etenik gabe. Su zuria zen, su artifizialetatik eratorria zirudiena. Teilatu bat eraisten ikusi nuen. Eraikin hartatik kezko laino izugarria atera zen.

 Gerran, gizonak beti babesten du aurpegia. Aurpegia babestuta gure bizitza babestuko bagenu bezala jokatzen dugu. Nik, jada, ez nuen bizitzeko esperantzarik eta aurpegia enterratu nuen tokiak usain oso txarra zuen. Une hartan, hegazkina gerturatzen ari zela entzuten nuen bitartean, aurpegia zerura begira jarrita nuela etzan nintzen. Krater hartan hobiratuta gelditzean pentsatu nuen. Gero, pentsatu nuen ohorea izango zela euskal herri sakratu honen erdigunean lurperatua izatea. Han etzanda nengoela eskuak begiratzen aritu nintzela ere gogoan dut. Itsaskor eta odol ilunez beterik nituen; haur haren odola zen. Dardarka nituela ere jabetu nintzen. Praketan lehortu nituen, lurrez eta hautsez beterikoetan. Gero, hegazkinak etorri eta bonbatu egin zuten. Biratu egin zuten eta berriz itzuli ziren. Han etzanda egon nintzen denbora eternitatea iruditu zitzaidan. Gero, beste tarteko une bat egon zen. Burua atera nuen. Orain, hegazkin gehiago zetozen eta zenbat min gehiago eragin nahi zuten galdetzen ari nintzaion neure buruari. (Joseba Elosegi)

Hirugarren ordua

Ez dut gogoratzen zein ordu zen nire ahizpa gure babeslekura sartu zenean. Beste birekin zegoen eta erotuta zegoela zirudien. "Non egon zara?", galdetzen zion. Denbora luzez ezin izan zuen berba egin. Bien bitartean, bonbek lehertzen jarraitzen zuten eta jendea garrasika zebilen eta amaigabeak ziren errezoak egiten. "Ospitalea", esan zuen azkenean, "ospitalea". Gero, gertatu zena kontatu zidan. Bonbaketa hasi zenean Asilo Calzadara joan zen korrika, hura toki segurua izango zela pentsatuta. Eraikinetik eraikinera joan zen, hegazkinak metrailatzen zebiltzan bitartean. Gero, babesa topatu zuen ospitaleko hormaren kanpoko lur-erretenean. Ez zen gehiago urreratu. Bonbek bere inguruan, alde guztietan, lehertzen zuten. Leherketa horietako bat lurerreten kanpoan izan zen. Miraliz ez zen zauritu, nahiz eta zikin eta kolpez eta harramazkaz beteta zegoen. Ospitaleko eskuin aldea guztiz suntsituta zegoen. Ezin zuen han egon. Erotzen hasia zela pentsatu zuen. Azkenik, beste bi pertsonek gure babeslekua aurkitzen lagundu zioten. Eta jendea garrasika ari zen. Gure inguruan bonbak lehertzen eta gure gainetik metrailadoreak tiroka entzutean nik ere zoratzen hasia nintzela pentsatu nuen. Ordu batzuetako bonbaketa hain da lazgarria, inork gutxik imajina dezakeela egiazki nolakoa den. (Kontuz Ibilli-P)

Gudarien kuartel atzean dagoen mendiko zuhaitz baten atzean nengoen ezkutatuta. Gizon edadetu bat eta bere alaba nigandik hurbil zeuden. Ehiza-hegazkinak herritik ihes egiteko ahaleginean zebiltzan pertsonak tirokatzen ari ziren zonalde guztian zehar. Orduan, betebetean iritsi zen guregana bat. "Ez zaitezte mugitu, ez zaitezte mugitu", egin nien garrasi gizonari eta emakumeari, baina hegazkina iritsi ahala korrikan hasi zirela ikusi nuen. Ni, ahal nuen gehien, zuhaitzera hurbildu nintzen. Metrailadoreen tiro-jasa hasi zen eta balek lurrean nola jotzen zuten ikusi nuen. Hegazkina urrundu egin zen eta gizona eta emakumea topatzen hasi nintzen. Ez ziren askorik urrundu. Biak hilda aurkitu nituen. Unean bertan hil zituzten. Tristea da, baina pilotuak ez lituzke sekula ikusiko nirekin gelditu izan balira. (Jontxu Bildurrea-P)

Azkenik, mendiko zuhaizti batera heldu ginen, Gernika baino altuagoko puntu batera. Ordurako, han, bi mutil zeuden. Biak negarrez ari ziren. Bi mutil handi ziren, hamabi edo hamalau urtekoak, eta zaharrak ziruditen modu hartara negar egiteko. Ez genien molestatu. Seguru aski, herrian, familiako norbait galduko zuten. Nire lagunak eta biok erabaki genuen zuhaitz gazte haiek mendiko beste edozein zuhaitzen moduko babesa ematen zutela. Han eseri ginen eta ikusi genuen nola suntsitzen zuten hegazkinek herria modu sistematiko batean.

    Ordu bete inguruan, bonba leherkor indartsuekin bonbatu zuten herria. Gero, su bonbak jaurtitzen hasi ziren. Milaka bota zituzten. Euria bezala jauzten ari ziren. Gu geunden tokitik airetik erortzen ari ziren zilar kolorezko arkatzak ziruditen. Gero, lehertzean, sh, sh, sh antzeko zarata egiten zuten, sugar zurizko geyser dirdiratsuak zabalduz. Gero, sugar zuriak amatatu egiten ziren, baina alde guztietan jarraitzen zuten sugar horixkek. Hauts eta ke artean, sugar horiek sutan ari ziren ehunka kandela ziruditen. Gradualki, sute batzuk handitu egin ziren. Keak herria gero eta gehiago estaltzen zuen. Bonbaketaren amaierarako dena ilun zegoen, nahiz eta oraindik egun argia zen.

    Bonbaketaren amaiera aldera, uneren batean, hegazkinak gure gainetik zebiltzan eta bonbak jaurtitzen zituzten mendira. Su bonba batzuk ere bota zituzten. Horietako bat gure ondoko errepidera erori zen eta apurtu arren, ez zuen eztanda egin. Hauts zuria zuen barruan.

    Bonbatik bonbarako zenbait denbora tartetan ez zen bonbaketarik izan. Tarte horietan jendea korrika ikusten genuen eta herritik alde egiteko ahaleginean zebilela. Jendea euren heriotzarantz korrikan zebilela ikusten genuen eta ezin genien adierazi. Herriaren kanpoko aldean, jendea espazio zabalera noiz aterako zain zeuden ehiza-hegazkinak. Orduan, eurengana zuzentzen ziren zuzenean eta metrailatu egiten zituzten. Hegazkin bat gora eta behera zebilen trenbide parean, jendearen pase bakoitza metrailatuz. Pilotuak ikusten zituen pertsona guztiak metrailatzeko intentzioa zuela zirudien, baina lortu ezinean zebilela. (Jose Ramon Segues)

    Trenbide ondoko urez beteriko lur-erreten batean geunden. Seguru geundela uste genuen, ehiza-hegazkinak jaitsi eta metrailatzen hasi ziren arte. Bala leherkorren bat zerabilten. Niri, bederen, iruditzen zitzaidan eztanda egiten zutela gure inguruan jotzen zutenean.

    Ehiza-hegazkinek trenbidetik edo Bermeoranzko errepidean korrika ari zirenen aurka egiten zuten tiro, alegia, herritik ihesi zihoan jendearen aurka. Alabaina, pilotuetariko batek antzeman egin zigun. Gurpilak ia lurrean itsatsita zituela etorri zen guregana. Indarrez urperatu ginen eta une horretantxe entzun nituen balak lokatzaren aurka jotzen, gure buruen gainetik. Gero, burua atera genuen airea hartu ahal izateko. Hegazkina bira ematen ari zen, gure aurka beste ahalegin bat egiteko. Hegazkinak ezin zuen lur-erretenean zehar hegan egin, mendia gertu baitzegoen. Horretan zortea izan genuen. Hala ere, mendiak ez

Hirugarren ordua

zuen ekidin pilotuak gure aurka egiterik, lur-erretena guruzatuta egin zuelako hegan. Metrailadorearekin behin eta berriz tirokatu gintuen. Azkenik, bere ahalegina bertan behera utzi zuen eta guk eskertu egin genuen. (Aurelio Artetxe)

Ehiza-hegazkinek bira eman zuten eta niri begira jarri ziren. Zelaia zeharkatuz ahal nuen guztia egin nuen korrika. Orduan, larrez inguratutako lur-erreten batean zenbait pertsona ikusi nituen ezkutatuta. Sasiarte horretatik korrika egin nuen eta eurekin batera sartu nintzen lur-erretenean. Hegazkinak alde guztietan zebiltzan, dena metrailatzen. Lur-erretenean bi oilo zeuden gurekin eta eroen pare korrikan hasi ziren. Antza, pilotuek oiloak ikusi zituzten eta guregana zuzendu ziren, metrailadoreekin tiro eginez. Ahal nuen guztia etzan nintzen eta ez zidaten jo. Gero, ehiza-hegazkinak joan egin ziren eta bonbaketariak etorri. Bonbaketariak behin urrunduta, ehiza-hegazkinak etorri ziren berriz ere. Eta horrelaxe funtzionatu zuten denbora luzez. Egia esan, ez dakit zenbat denbora egon nintzen lur-erreten hartan, baina badakit zorte handia izan nuela. Bederatzi pertsona hil ziren han bertan eta beste hainbat zauritu. Hildakoetatik bi Bilbokoak ziren. Beste bi Gernikakoak, baina nik ez nituen ezagutzen. Hildakoen artean zeuden gizon bat eta bere emaztea eta Gipuzkoako haur errefuxiatu batzuk.

Hotzez nengoen eta beldurrez dardarka, baina bonbaketa amaitu arte ez nintzen jabetu blusa eta gona galdu nituela. (Alisa Jaio)

Ez dakit nire gainean zenbat material tona zeuden. Dakidana da ezin nuela ezer ikusi eta airea hartzea kosta egiten zitzaidala. Eta ez dakit zein modutara azaldu zer esan nahi duen airea falta duzulako itotzen ari zarela sentitzea. Pasatzen zen minutu bakoitza eternitatea zen eta, gero, horren atzetik beste minutu bat zetorren, oraindik eta luzeagoa eta agonia ere are eta txarragoa zena.

Ez nuen nire gorputza sentitzen. Nire gainean zegoen pisu abailgarria baino ez nuen sentitzen, baina entzun bai, entzun nezakeen. Dena entzuten nuen. Eta bonbaketa bukatu baino zertxobait lehenago sugarretan ari ziren suak entzuten nituen. Nigandik hurbil zeuden. "Mesedez, mesedez, mesedez, Ene Jainkoa, utz iezaiezu nire gainean beste bonba bat botatzen", errezatzen nuen. Eskatzen eta errezatzen ari nintzen beste bonba bat nire gainean eror zedin. Horrela egin nuen. (Sebastian Uria)

Sagarrondo baten ondoan zegoen lur-erreten batera heldu nintzen. Sagarrondoaren azpian gudari batzuk eta bi neska zeuden. Gudariek hagin artean zerbait sartzeko gomendioa eman zidaten, leherketek belarrietan ez ziezadaten minik egin. Egiteko esan zidaten guztia egin nuen, baina beste bi neskekin arazoak izan zituzten. Ez zuten obeditu. Ergelak eta zentzugabeak ziren aldi berean. Arazoa zen ez zeudela geldirik. Uneoro mugimenduan aritu ziren eta ia-ia korrika alde egin zuten. Horrek, ausart jokatzera derrigortu ninduen, baina hain justu une horretan bonba lehertu zen gure ondoan. Leherketak zauritu egin ninduen. Orduan kontrola galdu nuen. Garrasika hasi nintzen. Larriki zauritu nintzela uste nuen. Gudariek aztertu egin ninduten eta harri batek eragindako harramazka bat baino ez nuen bekokian. Gutako inor ez zen zauritu.

Gudariei kosta egiten zitzaien neskak geldirik mantentzea. Azkenik, ehiza-hegazkin bateko pilotuak ikusi egingo zituen, metrailadoreak tirokatuz zuzenean guregana etorri zelako. Makurtu egin nintzen eta ez nintzen zauritu. Nesketako bat garrasika ari zen. Balek jo egin zuten. Izterrean jo zioten eta hankatik odol asko botatzen ari zen. Ni gaztea nintzen eta ez nintzen ohartzen zer eskatzen ari nintzen gudariei neska ospitalera eramateko eskatzen nienean. Orain, kontzientziak ausiki egiten dit eurekin jokatu nuen moduagatik. Hegazkinak zeuden alde guztietan eta seguru aski denok hilko gintuzten toki hartatik mugitu izan bagina. (Lucio Mujika)

Ni Faisan de Oroko amaitu gabeko sotoan nengoen, beste hogei lagunekin batera. Eraikin hau ez zen babeslekutzat hartzen, baina topa genezakeen toki onena zen. Zorte handia izan genuen. Bonba denak gure inguruan erortzen ari ziren, baina gure eraikinaren gainera bat bera ere ez.

Inoiz, nire bizitzan, ez nuen orduan izan nuen moduko belarriko minik izan. Une horretan, belarri bietan min indartsua eta agudoa nuen. Bonbak detonatzen zuen bakoitzeko hain min gogorra sentitzen nuen, negar egiteko gogoa etortzen zitzaidala. Negar egitea bakarrik nahi nuen. Nire belarrietako presioa zen. Hain zen mingarria! Nola edo hala aguantatu egin nuen. Eta ni ez nengoen besteak baino okerrago. Ez geunden ez hilda eta ezta zaurituta ere, baina hiru ordu eternoak izan ziren. Badakit lurrean eseri nintzela, burua belaunen artean sartuta eta begiak itxita nituelarik. Amai zezaten errezatzen jardun nuen. Eta hegazkinek alde egiten zuten denboran errezatu egiten nuen nire otoitzak bete zitezen. Une horretan, sotoko leihotik zaintzen ari zen gizonak hegazkin gehiago zetozela ikusten edota entzuten zuen eta, orduan, nire esperantza desegin egin zen. (Juanita Foruria)

Gure babeslekuan egoera okertu egin zen. Bero egiten zuen eta jendea eztulka ari zen. Airea hartzeko saiakerak egiten ari ziren. Niretzako txarrena aireak zuen hauts hura guztia arnastea zen. Zorionez, gurekin eraikina berritze lanetan zegoela lan egin zuen gizona zegoen. Gure babeslekua kartzela izandako tokian eraikita zegoen eta gizon honek tapatu zuten leiho bat non zegoen zekien. Leiho hura nolabait topatu eta zabaltzea lortu zuen. Horrek salbatu egin gintuen. Beste ordu betez horrela jarraituz gero, toki hartan dena goitik behera zarratuta, hil egingo ginateke seguruenera. (Gorka Egaña)

Bonbaketaren hasieran, agustindarren komentuan zeuden gudari guztiei eraikinaren kanpoan zegoen V formako estalitako trintxeran babesteko agindua eman zieten. Bonbaketa osoa bertan igaro nuen.

Gure kuartela bonbatzen lehenetarikoa izango zela uste genuen. Helburu militar argia zen, baina ez zen bonba bat bera ere erori gugandik gertu. Trintxera hartan igaro genuen denbora eta herri osoa suntsitzen zegoela entzuten genuen. Bagenekin bonba handiak jaurtikitzen ari zirela, gudu-lerroetan bota zituztenak baino askoz handiagoak. Lurrak ikara nola egiten zuen sentitzen ari ginen eta bibrazioek zakuetako lurra eta area botarazten zituzten gure buru gainera.

Uste dut jendearen aurpegiko adierazpena irakurtzen eta zer esanahi duten jakiten abilezia dudala. Nire inguruan zeuden gizonen aurpegiak begira ari nintzen eta, oraindik ere, euren begiek adierazten zutena ikus dezaket. Gernika guretzako guztiontzako hiri sakratua zela ulertu behar da. Euskalduna zen guztiaren eta borrokan ari ginen haren guztiaren sinboloa zen. Ez naiz lotsatzen esaten gizonetako batzuk negarrez ari zirela. Seguruena, haietako askok familia-kideak eta lagunak zituzten hirian. Gutako asko ere negar egiteko puntuan geunden eta uste dut hiri eder honek guretzako esanahi zuen guztiagatik zela.

19:00ak pasatxoan, trintxerak abandonatzeko eta zaurituei laguntzeko helburuz herriko erdigunera anda gurpildunak eramateko agindua jaso genuen. Hegazkinak joan egin ziren eta, itxura batean, bonbaketak amaitua zirudien. Trintxera utzi genuen, anda gurpildunak hartu genituen eta Tilos Pasealekua zeharkatuz korrika ari ginen hegazkin bat entzun genuenean. Ez ginen gelditu zenbat ziren egiaztatzeko. Anda gurpildunak eskuetatik askatu eta trintxerara itzuli ginen. Han itxaron behar izan genuen beste hamabost edo hogei minutuz. (Kaxtor Amunarriz)

Platanondo handi baten babespean zeuden pertsona taldera batu nintzen; Lumorako bidean zegoen, ur-biltegiaren azpian. Pertsona haietako batzuk ezagutzen nituen eta gainerakoak bonbatik bonbarako denbora tartean ezagutu nituen. Cipri Arrien, hamasei urtekoa eta Euskal Tabernako jabeen familiakoa, gure azpian zegoen errekan zegoen babestuta, errepidearen azpian zegoen errekan. Jose Intxaurrandi izeneko gizona nire eskuman zegoen etzanda eta Manuel Idoiaga, Foruko amerikanua, nire ezkerretara. Nire atzean, hankak nire buruaren aurka jarrita zituela, hemezortzi urteko Elantxobeko neska bat zegoen. Eta ondoan bere izeba zuen. Neskari diru zorroa eman nion, hagin artean sartuta detonazioek belarrietan ez ziezaioten minik egin. Gainerakoen artean ezagutu nuen bakarra Andoaingo errefuxiatu bat izan zen, burdinbidean lana topatu zuen gizona.

    Zazpiak pasata, uneren batean, ez dakit seguru noiz, arroila ondoan erori eta lehertu zen bonba. Eztanda hain izan zen handia, tinpanoak hautsi zitzaizkidala pentsatu nuela. Gero, konortea galdu nuen. Minutu gutxira esnatu eta hegazkinak bazihoazela entzun nuen. Burua pixka bat altxatu eta Joserengana hurbildu nintzen. Une horretantxe, ezpainetatik zigarroa erori zitzaion. Segituan, odol hari bat atera zitzaion ahotik. Bere gorputza pieza bakarra zen. "Manuel, Jose hil egin da", esan nion. Ez zidan erantzun. Orduan, bira eman nuen eta Manuel ere hil egin zela ikusi nuen. Sekulako hotza sentitzen hasi nintzen. Pixkanaka kontzientzia galtzen hasia nintzen. Ahal nuen modura neure burua mimatzen ahalegindu nintzen. Prakak apurtuta eta zuloz beteta nituen eta nire eskumako hankatik odol asko galtzen ari nintzela ikusi nuen. Nire txaketa piltzartua ia aterata nuen. Une horretatik aurrera, norbait nigatik zerbait egiten ari zenaren ideia dut gogoan. (Fernando Goitisolo)

    Denbora aurrera zihoan. Nire inguruan zegoen guztia ezbeharra zen. Gernika, nire inguruan, ia ez zen existitzen. Ezin zuen existitu su ikaragarri haren erdian. Ni oraindik beldurrez nengoen. Hiltzeko beldur nintzen. Hala eta guztiz ere, ez nuen nahi borrokatu gabe hiltzerik. Hogeita bat urte nituen eta adin horretan ez du inork hiltzerik nahi. Nork eman zien gu hiltzeko eskubidea gure atzetik ari ziren berdugo horiei? Gazteek zer egin dute gaizki, inori kalterik egin ez diotenean?

    Bazirudien berriz ere lasaitasunak agintzen zuela. Beti ere, lasaitasun une laburra zen. Batzuetan hamar minutu. Besteetan zertxobait gehiago. Oraingoan, zain geunden berriz noiz itzuliko ziren. Gernikan arnasa hartzen jarraitzen zuten guztiek hegazkinak berriz noiz etorri eta guztiok noiz akabatuko zain zeuden. Ni ez nintzen nire zulotik atera eta, mirariz, nire inguru guztia hil zen moduan hiltzea saihestu nuen.

    Handik metro gutxira, apaingarria zen harrizko iturri bat zegoen, sega eta mahats mordoak eusten dituen Adonisen estatuarekin, naturaren heriotza eta berpizkundea adieraziz. Egarri handiz nintzen eta eskuak garbitu nahi nituen, aldean nuen odola kentzeko asmoz. Odolak etengabe desesperatuta zegoen ama hura gogorarazten zidan. Ezinezkoa zen, iturria metrailadoreek eraitsi zutelako eta inguruko guztia apurtuta eta alde batera eta bestera barreiatuta zegoelako. Gernikako ur hoditeria apurtuta zegoen eta ez zegoen urik inon. Egia da une hartan ura ez zela beharrezkoa, herriko ur guztia ez zelako nahikoa izango une hartan gori zegoen sua amatatzeko.

Azkenik, nire zulotik atera eta Juntetxera zuzendu nintzen. Oraindik existitzen ote zen jakin nahi nuen eta Gernikako arbola ea zutik zegoen. Handik mendira igo nezakeen eta, gero, iparralderantz aurreratuta kuartelera heldu. Eskolako plazako eskailerak igotzen ari nintzela uztarri bati dotore lotutako idi parea ikusi nuen, lasaitasun osoz jaten eta beharbada inoiz iritsiko ez ziren jabeen zain. Ez nuen aurrerago joateko aukerarik izan. Beste behin ere motorren hotsak guztiok babeslekuetara bidali gintuen, ausarkeriaz utzi genituen babeslekuetara. Pasilekuko babeslekuetara joan nintzen; merkatuaren atzeko aldean zeuden. Alferrikakoa izan zen bertan sartzeko ahalegina egitea. Jendez gainezka zeuden eta beste jende bat plazako perimetroa estaltzen zuen hormigoizko sabaiaren azpian ari zen babesten. Kanpoan geundenen artean ordena pixka bat jartzen ahalegindu nintzen. Gero, zutabeetako batean pausatu eta han gelditu nintzen hegazkinek euren lana bukatu arte. Zertxobait beranduago, nire batailoiko ofizial bi etorri ziren eta gure kuartelera arte iristen ahalegintzeko erabakia hartu genuen. Artekale kaletik hartutako bidea zen motzena, baina nirekin zetorren batek Txorroburu kaletik joatea hobeto zela adierazi zigun; mendiaren oinarrian zegoen Txorroburu kalea. Hortik joan ginen eta kale hartan geundela beste hiru Junker bonbaketari etortzen ikusi genituen. Euren bonba karga jaurtikitzen zuten bitartean, lurrera bota ginen ahuspez. Joan eta gero, Artekalen zutik zegoena desegin egin zutela ikusi genuen. Eta kale bat hartzeagatik, bakarrik, libratu ginen.

Gure kuartelera bidean jarraitu genuen. Bidean gindoazela lehertu ez ziren zilar kolorezko su bonba batzuk aurkitu genituen. Barrutik esne itxurako hautsa atera zitzaien. Guztietan arrano alemaniarra zegoen grabatua. Hegoaldera begira jarraitu genuen. Bonbatu gintuzten hegazkinak desagertzen zihoazen. Ia zortziak ziren eta segituan ilunduko zuen. Bazirudien gurekin bukatu zutela. (Joseba Elosegi)

Ospitaleko ohe hartan etzanda nengoen, minutuak kontatzen eta gurekin buka zezaten errezatzen. Ezkerreko besoa erabat urratuta nuen. Eskuan nuen erlojua ikusteko posturan nengoen. Suen eraginez, orain, logela erabat argiztatuta zegoen. Azkeneko hegazkinek ospitaletik gertu bota zituzten bonbak eta eraikinak burrunba egin zuen, baina nik ikus nezakeen ezertxo ere ez zen kaltetu. Hegazkinek nola alde egiten zuten entzun nuen eta erlojua begiratu nuen. 19:40 ziren. (Iñaki "Patxolo" Rezabal)

Ondorioak

Azkenengo hegazkinak zortziak baino zertxobait lehenago joan ziren. Herriaren gaineko gure behatokitik kea, sua eta hondamendia baino ez genituen ikusten. Nolanahi dela ere, gutako inor ez zen mugitu gure santutegitik, handik menditik. Beheko eszenak paralizatuta eta hipnotizatuta utzi gintuen. Handik denbora batera errudun sentitzen hasi ginen, han behean jendea laguntza beharrean zegoelako. Gogo gutxirekin mendia jaisten hasi ginen herrira bidean.

Herria kaosa zen iritsi ginenean. Jendeak norabide guztietan korrika egiten zuen. Batzuek negar egiten zuten, beste batzuek garrasi, gehiengoa zikin eta orraztu gabe zegoen edota ilea hauts zuriz igeltsuztatuta zuen. Pertsona batzuk eromenez ari ziren galdutako euren senitartekoen bila. Beste batzuk modu zoroan diskutitzen ari ziren gudariekin, ez zietelako sugarretan zeuden eraikinetara sartzen lagatzen. Pertsona haien ondasun guztiak eraikin horietan zeuden eta edozein gauza berreskuratzeko helburuz euren bizia arriskatzeko prest zeuden.

Zuzenean nire bi lagunen gurasoen dendara joan ginen. Liburu denda suntsituta zegoen, baina nire lagunen gurasoak ondoko dendatik alfonbrak ateratzeko intentzioan zebiltzan. Ke dentsoa zegoen. Zapi batekin sudurra tapatu eta alfonbretako batzuk errekuperatzen lagundu genien. Sua ez zegoenez kontrolatuta, handik gutxira guztiok zonalde hura utzi behar izan genuen.

Segidan, Batzokira joan ginen; Arrien jatetxearen gainean zegoen. Teilatu hegala sutan hasi zen une horretantxe. Han geundela, haize boladek sugarrak indartu zituzten. Teilatu hegaleko sua indartu egin zen eta, segituan, sugarrak eraikinetik gorantz, altu, hedatzen hasi ziren. (Jose Ramon Segues)

Babeslekutik atera eta Pasilekun gelditu nintzen. Kosta egiten zitzaidan ikusten nuena sinestea. Eraikin guztiak deseginda edo sugarretan zeuden. Ez nekien zer egin edota nora joan.

Une hartan, nire patroiak ikusi nituen: gizona eta bere emaztea. Andra Mari elizatik jaitsi ziren. Ibilbidean, airean eskegita zeuden elektrizitate kableen suak ikaratu egin zituzten.

Euren etxera joaten ahalegindu ginen. Andra Mari elizara igo ginen eta, gero, Pasilekuko babeslekuko goiko aldetik doan kaletik jarraitu genuen. Hantxe deskubritu nuen zergatik pitzatu zen gure babeslekuko sabaia. Sekulako zuloa zegoen kalean. Gure gainean

Gernika bonbatu zuten eguna

sekulako bonba erori zen. Ura kraterretik ateratzen zen eta kaletik zehar zihoan. Bonbak Gernikako hoditeria nagusia apurtu zuen. Gero, nire amak lehen aldiz ikusi ninduenean, gertatu zenaz galdetu zidan. Ordura arte ez nintzen konturatu goitik behera blai eginda nengoela. Hodietako ura barrura arte sartu zitzaidan babeslekuan nengoela. Ikaratuegi nengoen konturatzeko. (Teodora Neskamea-P)

Nire ahizpa eta biok elizatik atera ginen. Gure lehenengo pentsamendua zera izan zen: etxerantz joatea eta familiakoak bilatzen ahalegintzea. Ezinezkoa izan zen. Bizi ginen zonaldea erabat hondatuta eta sugarretan zegoen. Gudariek ez ziguten uzten hondakinen artetik pasatu ere egiten.

Lumora joatea erabaki genuen orduan. Toki segurua zen eta errepidea libre zegoen. Errepide hartatik igo ginen eta Udetxea izeneko etxetik gertu zenbait gorpu ikusi genituen. Handik hurbil beste platanondo bat zegoen erorita eta inguruan gorpuzkin gehiago zeuden. Izugarria izan zen. Horietariko batzuk zatikatuta zeuden. Azkar batean pasatu eta Lumorantz jarraitu genuen. Bide hartan gorpu batzuk gehiago baino ez genituen ikusi.

Azkenik, heldu ginen Lumora. Eseri egin ginen eta herriak nola hartzen zuen su ikusten ari ginen. Sugarren artean Arana kondearen txaleta ikusi nuen eta gorputz osoan hotzikara sentitu nuen. Fantasmen gaztelua zirudien, inguruan sugarrekin balantzaka eta leiho ilunetatik gortina luzeak sutan eta uhinak eginez bezala zituelarik.

Segituan asaldatu ginen. Gure senitartekoengatik ardura sentitu genuen eta bagenekien eurak ere guregatik kezkatuta egongo zirela. Herrira itzultzea erabaki genuen, baina, oraingoan, beste bide bat hartuko genuen. Ilunetan zeuden gorpuzkin haien tokitik ez nuen pasatu nahi.

Anituaren etxe ondotik herrira sartu ginenean —orain hondakinez betetako tontor bat zen–, sarreraren ondoan hainbat gorpu ikusi genituen. Jabea abokatua zen eta astelehenetan inguruetako herri eta baserrietako jendea kontsultak egitera joan ohi zen. Beharbada horiek guztiak bezeroak izango ziren edo, besterik gabe, etxe hartara babes bila joango ziren harrizkoa izan eta toki segurua zirudielako. Denbora gutxira, jabea ikusi genuen. Pijamaren goiko aldea baino ez zeraman jantzita eta bere txakurrarekin batera zegoen. Uste dut salbatu ahal izan zuen guztia izan zela.

Asilo Calzada eta Pasilekutik egin genuen oinez. Zenbait errefuxiatu kikilduta zeuden, baina ez zirudien inork zaurituta. Gero, Ferialetik joan ginen oinez. Espero dut guk han ikusitako eszena lazgarria inork inoiz ez ikustea. Hildako animaliak, eta animalien zatiak lurretik barreiatuta, pertsonen gorpuzkinekin batera nahastuta zeuden.

Beste behin, hondakinen artetik pasatzen ahalegindu ginen gure etxerako bidea egiteko. Andra Mari kalera arte soilik heldu ginen eta eraikitako babeslekua hondoratuta zegoela ikusi genuen. Jende asko babeslekuaren inguruan lanean ari zen, hondakinak erretiratu nahian. Ezin izan genuen handik pasatu eta ezta San Juan kaletik ere; Andra Mari iparraldean zegoen hurrengo kalea zen.

Azkenik, Forurantz oinez joatea erabaki genuen. Jendearen gehiengoa harantz zihoala ematen zuen. Gainerakoekin batera egin genuen oinez eta tristea zen egoera. Jendea negarrez ari zen eta galdutako senitartekoez hitz egiten. Noizbehinka, herritik zetozen leherketa hotsak entzuten genituen. Suak harrapatu arte lehertzen ez ziren bonbak ziren. Atzerantz begiratuta, herriko erdigunean bista jarrita, sugarrek bat egin eta sute handi bakarra egiten zutela ari ginen ikusten. (Mercedes Irala)

Ospitalea kaosa zen. Nire nerbioak lehertzeko puntuan zeuden. Eta, orain, behin leherketa bukatuta, ezin nuen nire familia burmuinetik kendu. Azkenik, zerbaitek erreakzionatzera bultzatu ninduen. Ospitaletik ateratzeko bulkada sentitu nuen eta hondakinen artean nire familia bilatzen hastekoa. Suz eta suntsiketez eraikitako errealitateak segituan itzularazi ninduten neure onera. San Juan kaletik joaten ahalegindu nintzen, baina ezinezkoa zen. San Juan eliza sutan zegoen eta dorrea goitik behera erortzeko puntuan. Buelta eman eta Txorroburu kaletik joatea erabaki nuen, baina ez nuen nire familiaren berri zuen inorekin topo egin. Azkenean, ospitalera itzuli nintzen. Zantzu txarrak nituen, nire familia hil egin zenaren bihozkada bainuen.

Gau osoa ospitalean igaro nuen. Ahal genuena egin genuen, baina horrek zera esan nahi zuen: heltzen zirenentzako lurrean tokia egitea. Kamioiek eta anbulantziek, Bermeo zeharkatuta, Bilbora eramaten zituzten larriki zaurituta zeudenak. Hala ere, gau ia osoa lurra jendez eta odolez beteta egon zen. (Angeles Atxabal)

Bonbaketariak eta ehiza-hegazkinak behin-betiko desagertu zirela uste izan genuen arte itxaron genuen. Orduan, gure lur-erretena abandonatu eta Kortezubiko Sabinoren senideen etxera joan ginen oinez. Blai eginda geunden, hiru orduz uretan egon baikinen.

Baserrira heldu ginen eta Sabinoren familia izugarri lasaitu zen Sabino bizirik ikustean. Nik salbatu izan banu bezala jokatu zuten eta astoa gurdira lotu zuten garraiobide bezala erabil nezan herrira itzultzeko. Lan egiten nuen enpresako kalteak zenbatzeko lana jarri nion neure buruari.

Iluntzen ari zen Errenteriako bidegurutzera heldu nintzenean. Errefuxiatu mordoa herritik ateratzen ari zen. Astoa eta gurdia utzi eta San Juan kaletik Errenteriako zubira arte oinez joan nintzen. Kastor Uriarte, herriko arkitekto famatua, errekako uraren ponpaketa lana zuzentzen ari zen han. Berak eta bere lan-taldeak urezko kanal txiki bat sortzea lortu zuten, baina hondatuta zeuden eraikinetako suzko hormari eraso egitea ezinezkoa zen. Zubia zeharkatu nuen eta, gero, trenbidetik joan nintzen, herria uztean Sabinok eta biok hartu genuen bidean atzera eginda. Ni bizi nintzen eraikina nigandik ehun metro ingurura zegoen. Oraindik zutik zegoen, baina sugarrez inguratuta. Trenbidetik oinez egin nuen eta ahal nuen gehien hurbildu nintzen bertara. Nola erretzen ari zen ikusi, horixe zen egin nezakeen bakarra. Handik denbora batera, gure etxebizitzako laugarren pisuaren barruko aldea ikusi ahal izan nuen. Hormak kiskaltzen ari ziren eta bainugelako apaingarrien siluetak sutan ari zirela ikusi nuen. Begien bistakoa zen, nire bulegoa, eraikinaren lehenengo solairuan zegoena, suntsitu egingo zela. Trenbidetik jarraitzea erabaki nuen eta fabrikaren egoera zein zen egiaztatzea eta baita nire autoarena ere, han baitzegoen aparkatuta.

Hurrengo berrehun metroak amets gaizto batetik paseatzearen parekoak izan ziren. Trenbideko albo banatan gorpuzkinak zeuden barreiatuta. Beste pertsona asko ñir-ñir egiten zuen argian mugimenduan ari ziren; batzuek zaurituak zeramatzaten bizkar gainean. Jendearen ohituretatik aparte, marruma egiten zuen suak, hormen lurreratzeak eta suak leherrarazten zituzten bonbek egonezina eragiten zuen burrunbada senti zitekeen.

Gure lantegira heltzean, lantegia bera eta nire kotxea kalterik gabe zeudela frogatzeak harritu egin ninduen. Herriko bizitegi-gunea guztiz eta sistematikoki suntsitu zuten eta, hemen, helburu militar guztiak bilduta zeuden tokiak, inolako babesik gabeak eta bonbaketarien atakeen aurrean ahulak zirenak, ia ukitu gabe zeuden. Zergatik? Gau hartan ez nuen denbora askorik igaro misterioa haztatzen, baina orduz geroztik zer pentsatua eman dit. (Aurelio Artetxe)

Iparragirre kaleko nire etxeetariko baten ondoan nengoen bonbaketa amaitu zenean. Sute txiki bat itzaltzen ahalegindu nintzen etxeko patioaren atzean eraiki nuen babeslekuan. Orain, hori ez zen arazoa. Jendea bazihoan. Herriko sugar foku handietan jarri nuen arreta. Herria zeharkatu nuen eta Muxikara zihoan garraiobide bat aurkitu nuen; Muxikatik bertatik Bilboko suhiltzaileen sailera deitu nuen. Bi ordu beranduago iritsi ziren, baina, hala eta guztiz ere erabilgarri zegoen ur bakarra errekakoa zen. Herriko hoditeria bonbaketak iraun zuen bitartean suntsitu egin zen.

Ondorioak

Zalantzagarria da pentsatzea herriko parte handiena suaren kalteetatik libra zitekeela, hoditerian ura egonik ere. Zertzelada askoren konbinazioak baldintzatu zuen holokaustoa sortzea. Herriko eraikin gehienek zizelkatutako harriz eraikita zuten lehenengo solairua. Gainontzeko goiko pisuak, bigarrenak eta hirugarrenak, egurrezko zutabeen gainean eraikita zeuden eta gorri koloreko teilen azpiko teilatua ere egurrezkoa zen. Bonba indartsuek txiki-txiki eginda uzten zituzten eraikin horiek eta suari oinarri perfektua uzten zioten egur lehorra, altzariak eta gortinak bezalako beste material errekorra hondakinen arteko harriekin batera nahasita. Horrez gain, bonbek eraitsi ez zituzten eraikinak su bonben jomuga izan ziren; txikiak izan arren, bizitasun handiz zeharkatzen zituzten teilazko teilatu finak eta eraikinen barruko aldea sutan jartzen zuten.

Oztopoak geneuzkan sua itzaltzeko. Batez ere, su txikiak amatatzen ahalegintzen ginen eta sugarren inguruan oraindik erre gabe zeuden eraikinak isolatzen. Hala ere, edonork zekien gaua iristen zenerako herriaren zatirik handiena suntsituta geldituko zela.

Sorpresa hartu nuen Gernikan desegin gabe gelditu zen zatiaren berri izatean. Zilegi ziren zenbait helburu militar zeuden: Errenteria eta Gernika arteko zubia, agustindarren ikastetxeko gudarien batailoiak eta Mertzedeko komentua, Gernika eta Bilbo arteko trenbidea eta, noski, arma fabrikak. Horien artean zegoen Unceta fabrika, hegazkinentzako bonbak eta beste zenbait munizio sortzen zituena. Nik dakidanez ez zen bonbarik erori ez kuartelen inguruan eta ezta arma eta munizio fabriketan ere, nahiz eta bonbaketariak atakatzeko moduko tokietan kokatuta zeuden. Errenteriako zubia bonbak erori ziren herriko erdigunetik gertu zegoen, baina ez zuten kaltetu. Eta Gernika eta Bilbo arteko trenbidea? Gauerdia pasata, uneren batean, Gernikako trengeltokiko hegoaldean zeuden tren berezietara igo eta Bilbora eraman zituzten ebakuatuak. Egia esan, ez dut ezagutzen suntsituta gelditu zen izaera militardun toki esanguratsurik. (Kastor Uriarte)

Bazirudien, oraingoan, bonbaketa amaitu egin zela. Berriz ere, trintxera abandonatu genuen eta Bermeoko errepidetik egin genuen korrika. Beste gudari batzuek jaso zituzten abandonatuta utzi genituen anda gurpildunak eta zelaia zeharkatuz, bakarrik, San Juan plazara joan nintzen. Bidean arrano alemaniarra zuen su bonba aurkitu nuen. Hartu eta errekara jaurti nuen.

San Juan plazara heldu nintzenean, eraikin gehienak sugarretan zeuden. San Juan eliza ere sutan zegoen. Kalteak ikuskatzen nituen bitartean, gizon bat hurbildu zitzaidan. Hiruzpalau urteko haur bat zeraman berekin. "Mesedez, zaindu ahal zenidake haurra?", esan zidan gazteleraz. "Zergatik nahi duzu ni haurraren kargu egitea?", galdetu nion. Gizonak sugarretan zegoen eraikineko bigarren solairuan bizi zela esan zidan eta sartu egin nahi zuela garrantzizko gauzak salbatzera. Kosta egiten zitzaidan sinestea eraikinean sartu nahi zuela. Sua kontrolik gabea zen goiko pisuetan eta teilatuak eta hormek edozein unetan eroriko zirela ziruditen. Gizonarekin diskutitu nuen eta bere bizitza pisuan utzi zuen beste edozein gauza baino garrantzitsuago zela konbentzitzen ahalegindu nintzen. Berak berearekin jarraitzen zuen. Ero baten pare zegoen. Lastima sentitu nuen beregatik. Azkenik, haurra hartu nuen eta gizona korrika sartu zen eraikinera. Haurra oihuka eta negarrez hasi zen; han gelditu eta haurra eutsi, hori baino ezin nezakeen egin. Une horretan, hormako zati bat erortzen hasi zen. Gizona leihotik azaldu zen, izara batean zerbait zuelarik. "Jaitsi zaitez oraintxe bertan", egin nion garrasi. "Hormak erortzen ari dira". Gizonak izara bota zuen eta desagertu egin zen. Erori zen tokira joan nintzen. Zenbait arropa zituen. Itxaron egin nuen eta gizona barruan harrapatuta gelditu ote zen beldur nintzen. Une horretan, eskaileretan agertu zen. Gramofono handi bat zekarren. Eraikinetik atera zen, arropak batu zituen eta gramofonoa besapean zuela haurra hartu eta alde egin zuen.

San Juan plazatik, suntsitu zen etxe batera joan nintzen; erortzean sotoko babeslekuan hainbat pertsona harrapatu zituen etxea zen. Zorionez, oraindik, ez zegoen sutan. Kanpoan zeuden pertsonek bazekiten non zuen sarrera eta handik hurbil lanean hasi ginen, eskuekin hondakinak apartatuz. Harri bat altxatu nuen eta gertukoa egin zitzaidan zerbait ikusi nuen. Orduan konturatu nintzen aurpegiko parte bat zela. Segituan hondakin batzuk kendu nituen. Gizon baten burua zen. Garrasika laguntza eskatu nuen. Bere gainean zegoen materiala altxatzen hasi ginen. Hautsez betetako aurpegia garbitu nion. Oraindik arnasa hartzen zuen. Gizonetako batek ezagutu egiten zuen. Ahal genuen azkarren egin genuen lan. Gizona kanpora atera nuen, hain justu deitu zidatenean. Andra Mari elizan laguntza behar zuten.

Elizara joan nintzen eta jende asko ari zen elizaren eta sugarretan zeuden eraikinen artean arezko zakuekin murrua egiten. Aurrez, elizan sute txiki bat egon zen, baina zertxobait lehenago itzali egin zuten. Suhesia egiteko lanetan ari nintzen eta, gero, merkatarien merkantziak salbatzen ari ziren gudarien taldeari gehitu nintzaion. Arropa denda zuen gizon bati lagundu nion, kamisetak, zapatak eta beste zenbait prenda erreskatatzen. Gero, nire batailoiko gizon guztioi, Saseta Batailoikooi, kuartelera lotara joateko agindua heldu zitzaigun. Gauerdi aldera izan zen. Biharamunean ebakuatu egingo gintuzten eta

Ondorioak

borrokaldian hasiko ginen. Gainera, ezer gutxi egin genezakeen herrian. Ordurako, herria sua baino ez zen.

Gure kuartelera itzuli ginen, baina ezin genuen lorik egin. Bigarren pisuko leihoetara joan ginen, herria behatzera. San Juan elizako dorrea sugarretan zegoen. Inklinatzen eta erortzen hasia zela ikusi genuen. Ikusi nuen azkena izan zen hori. Ohera joan eta lo egiten ahalegindu nintzen. (Kaxtor Amunarriz)

Dena argi eta garbi entzuten nuen, baina ez zegoen zarata askorik; su fokuek ateratzen zutena baino ez. Denbora batez dena isilik zegoela zirudien. Gero, jendea entzun nuen. "Bonbaketak amaituta behar du egon", pentsatu nuen. Orduan, esperantza pittin bat izaten hasi nintzen.

Zertxobait beranduago nire gainean zebilen jendea entzun nuen. Hondakinen artetik oinez eta berbetan zihoazen. Zarataren bat egin nuen. Ez dakit nola, bularra zapalduta nuelako eta arnasa ozta-ozta hartzen nuelako. Hala ere, entzun egin ninduten. Gelditu egin ziren eta nola aterako ninduten pentsatzen ari ziren berbetan. Nik ahal nuen zarata handiena egin nuen. Ez nuen nahi han utz ziezadaten. Garrasi eginez laguntza eskatu zuten eta segituan ahots mordoa eta erretiratzen ari ziren hondakinen hotsa entzun nituen. Egonezinez nengoen, itotzen ari nintzela sentitzen bainuen. Handik atera nahi nuen. Noizbehinka, lan egiteari uzten zioten. Deskantsatu egin beharko zutela pentsatzen dut. Orduan, nik ahal nuen zarata handiena egiten nuen eta madarikatu egiten nituen. Eta berriz ekiten zioten lanari. Uste dut sua hurbiltzen ari zela. Beroa sentitzen zutela esaten ari ziren gizonak. Azkenean, altxatu zituzten nire gorputz gaineko hondakinak. Kanpora ateratzen zidaten bitartean ez nuen ezer ikusten. Ez nuen ezer sentitzen. Orduan, konortea galdu omen nuen.

Esnatu nintzenean, toldoa zuen kamioi bateko atzeko aldean boteak joz ari nintzen. Izugarrizko hotza nuen eta oso ahul sentitzen nintzen. Nire alboan norbait zegoen. Gizon batek berba egin eta Mundaka ondoan geundela esan zidan, ospitale batera bidean. Ikus nezan, begiak garbitzeko eskatu nion. Horrela egin zuen. Ezin nuen eskumako besoa mugitu eta ezkerrekoa erabiltzen ahalegindu nintzen berari laguntzeko. Aurpegia garbitzen saiatzen ari zen, baina ez ninduen ukitzen. Sentsazio arraroa zen. Orduan, begietako lainoa kentzen hasi zitzaidan. Aurpegia garbitzen saiatu nintzen berriz. Ezer ez. Berriz ahalegindu nintzen. Orduan ikusi nuen ez nuela ezkerreko besorik. Leherketak edo gainera erori zitzaizkidan hondakinek zuztarretik atera zuten nire ezkerreko besaurrea. Horrenbeste orduz hondakinen azpian presiopean egoteak ekidin zuen odolustu izana. (Sebastian Uria)

Hegazkinak hegoalderantz zihoazen kuartelera heldu ginenean. Zortziak inguru ziren. Ez ziren gehiago itzuliko. Ez genuen beharrik. Gernika ez zen existitzen. Eskuartean genuen lehen laguntzarako material guztiarekin herriko erdigunera zuzendu ginen, jendeari ahal zen guztian laguntzera. Oinez egitea ere kosta egiten zen. Hondakinez beteta zegoen dena eta kaleak bereiztea kosta egiten zen. Alde guztiak sutan zeuden eta hormak erortzen hasiak ziren. Alde guztietan suntsiketa ikusten zen. Zuhaitzek ere moztuak ziruditen. Eta denetariko hotsak entzun zitezkeen. Jendearen garrasiak ziren txarrena, laguntza eskatzen ari zirenenak. Familiako kideak topatzen edo hondakinen artetik senitartekoak edo ezagunak ateratzen laguntzeko eskatzen ari ziren. Guk ezer gutxi egin genezakeen. Emakume bat erregutzen etorri zitzaigun. Bonbaketak ez zuen bere pisua kaltetu eta arriskutik kanpo zegoela uste zuen. Une horretan, ondoko eraikineko sugarrak bere etxerantz zihoazen. Otoi egiten jarraitu zuen eta negarrez. Gernika osoan ur tanta bat bera ere ez zegoela esanez konbentzitzea zen egin genezakeen bakarra.

Gaua sartzen hasi ahala, sua gero eta handiagoa zen. Babeslekuetan etenik barik aritu ginen lanean, ezinezkoa bazen ere eskuekin hondakinak erretiratzen. Jendearen oihuak entzuten genituen eta horrek lanean jarraitzera motibatzen gintuen, baina esfortzua alferrikakoa zen. Zortedun batzuk baino ez ziren bizirik atera. Bizkarrean eraman genituen. Gainontzekoak hiltzera destinatuta zeuden. Suteen eraginez erretiratu egin ginen.

Ilundu ostean, Bilboko suhiltzaileak iritsi ziren eta eurekin batera polizia motorizatu talde indartsu bat. Suhiltzaileek ezin zezaketen askorik egin, baina poliziek zaurituen ebakuazioa eta atentzioa antolatzen lagundu zuten. Jendea sugarren artean sartzea ekiditea izan zen eginkizunik zailena. Indarrak bakarrik saihesten zuen nork bere burua zauritzea. Batzuk euren onetik aterata zeuden. Pertsona haiek euren etxebizitzak egon ziren tokien parean desagertutako euren senitartekoen izenak garrasika esaten entzutea zen hunkigarriena.

Zertxobait beranduago, denbora luzez lur kakatsuan ez aurrera ez atzera egin ezinik egon ostean, akituta heldu nintzen Ferialera. Nire babeslekua izan zen zuloa topatzen ahalegindu nintzen. Jakin nahi nuen zer gertatuko ote litzaidakeen bonbaketaren amaierara arte han gelditu izan banintz. Ezin izan nuen aurkitu. Desagertu egin zen. Krater berriak zeuden, sekulakoak, bonba batzuk erori eta lehertu ziren tokian.

Pasilekuko eskailerak igo nituen. Iturria oraindik zutik zegoen, metrailadoreen balez beterik, eta oraindik Adonis bere sega eta mahats mordoarekin eusten zuen. Idi pareak ere aurre egin zion egoerari eta, oraindik, seguruenera inoiz itzuliko ez zen jabearen zain zeuden.

Sua etengabea zen eta sugarrak zeruraino iristen ziren. Horren guztiaren erdian, San Juan elizako dorrea zuzi baten modura erretzen ari zen. Gero, pixkanaka, dorrea erortzen hasi zen.

Gure gizonei kuartelera joateko agindu genien, baina nik ezin nuen joan. Leher eginda nengoen, baina ezin nuen lorik egin. Hurrengo orduak, laino grisez beteriko egun berria iritsi arteko orduak, lausotuta daude nire memorian. Kaleetan eta herriko inguruetan egin nuen oinez, ahal nuen toki guztietan laguntza eskainiz. (Joseba Elosegi)

Hegazkinak joan eta gero, nire neskalagunaren etxera joan nintzen. Herriaren kanpoaldean zegoen. Kalterik jasan ez zuen eraikinetako bat zen. Oraindik, haragi paketea eskuetan nuen eta bere familiari eman nion. Ahizpa bat izan ezik, beste guztiak etxean zeuden. Falta zen ahizpagatik kezkatuta zeuden guztiak eta bera topatzera atera nintzen. Artekalera joan nintzen. Hondakinez beteta zegoen eta albo banatara kiskaltzen ari ziren eraikinak. Han entzun nuen gizon batzuk udaletxean lanean zenbiltzala, alegia, hondakinez beteta zegoen babeslekua liberatzeko ahaleginetan zenbiltzala. Hara joan eta lan horretan lagundu nien. Eraikinaren fatxada guztia erorita zegoen eta sarrerako atea blokeatzen zuen, baina atzeko aldean bazegoen ate txiki bat, trabarik gabe zegoena eta zabaltzea lortu genuena. Anda gurpildunak erabilgarri zeuden. Norbait zaurituta egongo balitz, erabili ahal izateko. Zorionez, ez zen euren beharrik izan. Guztiek biziraun zuten eta lesioak arinak ziren.

Gero, Andra Mari kaleko babeslekura joan nintzen. Goitik behera hondakinez beteta zegoen. Sugarrak handik gertu zeuden, baina jendea etsituki zebilen lanean harrapatuta zeuden pertsonak ateratzeko. Lanean ari zirenen taldera gehitu nintzen eta etsigarria zen. Jendea hondakinen artetik oihu eta intziri egiten ari zitzaigun eta ahal genuen guztia ari ginen egiten, baina sua gero eta gertuago zegoen. Azkenean, abandonatu egin behar izan genituen.

Ordurako, ero baten pare nengoen.(Jon Aitita-P)

Iluntzen zegoen atzeko aldeko sarrera zabaldu eta udaletxeko babeslekutik atera gintuztenean. Banekien herrian kalteak zeudela, baina ez nengoen ikusi nuena ikusteko prest. Erabat suntsituta zegoen herria. Suak beldurtu egin ninduen eta San Juan eliza sugarretan ikusteak bereziki tristatu ninduen. Nire ondoan edadeko gizon bat beldurrez hilik zegoen. Lagundu egin nion eta biok, Txorroburu kaletik joanda, sutik aldendu ginen. Bidean gindoazela, suntsitutako eraikinen ondotik pasatu ginen eta balkoietako altzairua bihurtuta ikusteak ikara eragin zigun.

Esku indartsu batzuek zuztarretik atera eta bihurrituko balituzte bezala zeuden.

Adineko gizonarekin gelditu nintzen eta sua nola hedatzen zen ari ginen ikusten. Florentinarengan eta izeba Pascualarengan pentsatu nuen. Gure atzetik utzi zuten denda eta, seguru aski, Andra Mari kaleko babeslekuan egongo ziren atrapatuta. Florentinaren dendaren sarrerako atearen ondoan nengoen hain justu eta ez dakit zer dela eta ez nintzen hara joan. Lazgarria zen bi emakume haietan pentsatzea. Hain onak izan ziren nirekin! Soinean neraman soineko zuri-urdina erosi nuen. Ordaindu nuena baino askoz garestiagoa zen, baina Florentinak prezio onean erosteko aukera eman zidan.

Azkenik, polizia eta gudariak etorri ziren eta esan ziguten denbora gutxi barru jendea ebakuatuko zuten trenak aterako zirela Bilborantz. Joateko beste tokirik ez nuen. Tren horietako batera igo nintzen eta Gernikatik atera ginen, goiz hartan, ordu biak aldera. (Maria Fe Ormaetxea)

Azkenean, atera gintuzten udaletxeko babeslekutik eta nire emaztean pentsatzen nuen soilik. Kastor Uriarteren etxeko patioko babeslekura joateko esan zidan eta bertara joan nintzen zuzenean. Bidean, gure etxeko eraikina sutan hasi berri zela ikusi nuen.

Nire emaztea, oraindik, babeslekuan zegoen, bizirik ote nengoen eta bere bila joango ote nintzen itxaroten. Sekulako alaitasun unea izan zen elkar ikusi ginena. Bera haurdun zegoen eta uste dut bere ongizatea kezkatzeko modukoa zela. Eztabaidan aritu ginen, pisura joango ote ginen gure ondasunak errekuperatzera, baina bera beldur zen. Nahikoa bizi izan zuen aurrez. Alde egin nahi zuen eta bere gurasoak bilatzen ahalegindu.

Trenbidea pasatu genuen eta suen argi laranjek lurrean zeuden mugitu gabeko gorpuak ikusteko aukera ematen zidaten. Ez begiratzeko esan nion emazteari eta, oinez gindoazela, nire sorbaldan ezkutatzen zuen aurpegia. Uste dut Gernikara errefuxiatu etorri berriak zirela gehiengoa. Ez nuen inor ezagutu.

Herriko hegoaldera joan ginen oinez eta Bilboranzko errepideko lehenengo bidegurutze aldera heldu ginen. Nire emaztearen gurasoen etxera zuzendu ginen. Sutan zegoen, baina aita eta ama han kanpoan zeuden. Kalterik gabe biziraun zuten. Eta guztiok bildu ginen unea hunkigarria izan zen. Bere ama Pasilekuko babeslekuetako batean egon zen bonbaketak iraun zuen denboran. Bere aita Uncetako langileentzako egin zuten babeslekuan gelditu zen; pistolen fabrika horretara ez zuten bonbarik bota. Beranduago, gau horretan, auto bat eskatu nuen eta nire emaztea eta bere ama Areetara eraman nituen, senide batzuekin han gera zitezen. Ni gudaria nintzen eta nire batailoira itzuli behar izan nuen. (Pedro Asla-P)

Ia ilunduta zegoen udaletxeko gure babeslekuko leihoa irekitzea lortu genuenean. Kanpoko jendea harrituta gelditzen zen guztiok onik geundela ikustean. Gure artean zauritu asko egotea espero zuten.

Denbora batez, babeslekuaren aurrean gelditu nintzen nire neskalagunarekin batera. Ez nekien zer egin eta ezta nora joan ere. Beste mundu batean banengo bezala sentitzen nintzen. Azkenik, zenbait emakume eta haur kamioiz Bilbora ebakuatuko zituztela entzun nuen. Han zeuden nire neskalagunaren gurasoak eta, horregatik, kamioi horiek bilatzen hasi ginen. Herriko kanpoko alderantz, hegoaldera, joan ginen oinez, Muxikarantz bidean. Kamioietako bat aurkitu genuen. Pena handiz, baina banandu egin ginen.

Herrirantz itzuli nintzen oinez eta, segituan, lagun batzuekin egin nuen topo; musika bandako beste gudari batzuk ziren. Guztiok indargabe geunden eta moralez baxu. Bakarrik egon nahi nuen eta, hortaz, taldetik joan egin nintzen Errenterian agertu arte; egiaz, ez nuen jakingo esaten zein bide hartu nuen. Errenteriarako sarrera ilun zegoen, batez ere eraikinek itzal egiten zuten zonaldean. Gogoan dut nola nindoan oinez eta haur batzuk kalean edo belarretan lotan ikusi nituela, eurak zaintzen zeuden gudarien ondoan. Hotzez nengoen. Alkandora bat baino ez neraman aldean. Oinez jarraitu nuen eta herrira bueltatu nintzen, suak, bederen, beroa ematen zuelako. Trenbidetik egin nuen oinez eta distantzia kalkulatuta ni egon nintzen etxea ikusi ahal izan nuen. Une horretan, han ez zegoen hondamena baizik. Han gelditu nintzen sua ikusten eta hormak erortzen entzuten. (Gorka Egaña)

Nire laguna eta biok ospitalera joan ginen. Laguntza eman genezakeela uste genuen, baina kaos hartan ezer gutxi egin genezakeen. Ez genuen traba besterik egiten. Han geundela nire lagun bat eta bere mutil-laguna etorri ziren. Histeriaz ari zen negarrez eta bere ama galdu zuela esanez ari zen. Barre egiten zuen gero eta mutil-laguna besarkatuz elkarrekin bizitza eraiki zezaketela eta ondo moldatuko zirela zioen. Gero, berriz ere, negarrez hasten zen. Bere ahizpak ospitalean egiten zuen lan eta albistea emoziorik gabe jaso ostean lanean jarraitu zuen.

Ospitaletik irten ginenean, kazetari ingeles ilehori bat ikusi nuen; biziraun zutenei galderak egiten zebilen. Nik ez nuen berarekin hitz egin. Ez neukan inorekin hitz egiteko gogorik. (Jose Ramon Segues)

Bonbaketaren ostean, Bermeoko errepidetik etorri nintzen eta ahal nuen laguntza guztia eman nion jendeari. Babesleku batetik jendeari ateratzen lagundu nion. Beste babesleku batean, guztiak hil ziren.

Eraikinen azpian harrapatuta zeuden eta sua guregana iritsi artean ezin izan genituen atera; orduan alde egin behar izan genuen.

Gero, zonalde bat zaintzea eta jendeari euren etxebizitzetara sartzea ekiditea egokitu zitzaizkidan. Egiteko zailenetarikoa zen hori. Jendea desesperatuta zegoen eta zentzu gabe jokatzen ari zen. Gau osoa kalean pasatu nuen, erabat lanpetuta, denbora gehiena jendearen senitartekoak topatzen laguntzen. Bonbaketaren ostean, jendearentzako zailena horixe izan zen: ez jakitea familiako kideak bizirik ala hilik zeuden. (Juan Sistiaga)

Askotan, bonbak albo banatara erortzen zitzaizkigunean, hil egingo nintzela uste nuen. Hala ere, gure etxea ez zuten harrapatu eta oso pozik nengoen, sototik atera eta suaren ke eta guzti, aire freskoa hartu nuenean. Zer egingo nuen nik orain? Niretzat ezezaguna zen herri batean errefuxiatua nintzen. Ofizialentzako egiten nuen lan. Eta, jada, ez ziren itzuliko. Horretan pentsatzen ari nintzen gure etxeko gizon bat hurbildu zitzaidanean. Argi zegoen gizona faxista zela. Bere atzetik barre egiten genion, oheko manta azpian irratsaio faxistak entzuten zituelako. Berak engainatu egiten gintuela uste zuen, baina guk toleratu egiten genion. Gau hartan, niregana urreratu zenean, Gernikatik irten eta Bilbora joatea iradoki zidan. Zentzuduna zen ideia. Gainera, errepidean jende piloa zegoen eta nik ez nion beldurrik. Errigoitirako bidean hasi ginen oinez eta, orduan, hegoalderantz egin eta lerroak zeharkatuz "beste aldean" babesa topatzea zela onena esanez konbentzitzen hasi zitzaidan. Moroek zonaldea okupatuko balute gertatuko zitzaidan guztia esaten beldurtzen ahalegindu zen. Modu horretara jarraitzen zuen hitz egiten eta, azkenik, arbuiatu egin nuen eta esan nion euskalduna nintzela, gure kausan sinesten nuela eta behar nuen tokian geldituko nintzela. Horren ostean, separatu egin ginen. (Leonore Mendizabal)

Gure etxea, zati handi batean, kaltetuta zegoen, baina oraindik ez zegoen sutan eta barrura sartu ahal izan nuen. Han gordeta nuen esnean pentsatzen egon nintzen eta zein ongi etorriko zitzaien premian zeuden umeei. Uste dut esnearekin obsesionatu egin nintzela babeslekuan haur hura gosearen gosez negarrez ikusi ostean. Hala eta guztiz ere, pisura sartu nintzenean isurbidetik bota nuen esne guztia. (Sofia Sarria)

San Juan kaleko gure etxera heltzea lortu genuen. Nahiz eta bonba erori zitzaion, oraindik zutik zegoen. Inguruko eraikinak sutan zeuden eta bagenekien denbora gutxian gure etxea ere sutan hasiko zela. Azkenik, gure etxean sartu eta eskaileretatik gauzak jaisten hasi ginen. Alabaina, inor ez ginen arrazionalki jokatzen ari. Gure bizilaguna laugarren pisutik altzariak botatzen ari zen. Erortzean dena hausten zen.

Ondorioak

Beste auzokide batek adreilua zeraman aurreko mantalean eta bere suhiari garrasika ari zitzaion josteko makina atera ez zuelako. Ez zuen salbatu genuen ezerk inolako baliorik. (Luisa Gezuraga)
  Gure pisua errefuxiatu ginen Faisan de Oro parean zegoen. Eraikinak ez zirudien kaltetuta. Atera eta iturriraino joan ginen. Han ez zegoen urik. Ur guztia kalean goitik behera zihoan. Goiko kaleren batetik zetorren, Andra Mari eliza ingurutik.
  Iturri ondoan gelditu ginen une batez. Gertatu zena sinestea kosta egiten zitzaidan. Alde guztietan su fokuak zeuden. Duela gutxi ikusi nuen *Sodoma y Gomorra* pelikula gogorarazi zidan. Sugarrei begira jarraitu genuen une batez eta, orduantxe, gertaera batek sekulako zirrara eragin zigun. Gure eraikina kiskaltzen ari zen. Teilatuaren albo banatara sugarrak ateratzen ari zitzaizkion. Itxuraz, denbora zeraman barrutik sutan. Uste dut orduantxe sartu zitzaigula panikoa. Korrika igo ginen gure pisura eta kez beteta ikusi genuen. Gaizki jarri eta botaka hasi nintzen. Minutu batzuez atera egin behar izan nuen. Gero, ahoan zapia jarri nuen eta berriz sartzen ahalegindu nintzen. Mareatzen nengoela konturatu eta atera egin nintzen. Mutil bat zegoen nirekin eta nik nahi nuena hartzera sartuko zela esanez eskaini zen. Koadro batez hitz egin nion, bereziki errekuperatzea nahi nukeen koadro batez. Nolabait, ekarri egin zidan. Ez zen balio askoko koadroa. Faisan de Oron utzi genuen eta hurrengo egunera arte ahaztu egin nintzen koadroaz. Ordurako, jada, desagertuta zegoen. (Juanita Foruria)
  Gudarien tenientea nintzen eta egun baterako Gernikara bidali ninduten deskantsatzera. Frontean egon nintzen eta egun batzuez lorik egin gabe nengoen, leher eginda. Bonbaketa hasi zenean, Julian izeneko hotelean hartu nuen ostatu. Nire poltsa utzi, gudari bat ospitalera eramaten lagundu eta herritik mendebalderantz zegoen mendira joan nintzen korrika. Han goian gaizki pasa nuen, durduzatuta zeudenak geldi mantentzen. Helburua ehiza-hegazkinen erasoetatik babestea zen. Orain, herrira jaisten ari nintzela, beste gau batez lorik egin gabe egongo nintzela jakin nuen.
  Zuzenean, hotelera zuzendu nintzen eta sugarretan zegoela ikusi nuen. Atearen beste aldean zegoen nire poltsa errekuperatzea lortu nuen, baina barruan neraman berokia kendu egin zidatela jabetu nintzen. Denbora batez han gelditu nintzen eta, gero, hoteletik zetozen zaratak entzun nituen. Jendea negarrez ari zela zirudien. Kezkatu egin nintzen, baina nire inguruko jendeak kaiolan harrapatuta gelditu ziren zazpi txakurren zarata zela zioen. Beharbada gizakiak izango ziren, baina ezin nezakeen salbatzeko ezer egin.

Gernika bonbatu zuten eguna

Gainontzean, gudarien guardiak antolatzen pasa nuen gaua. Eta galderak eginez bonbaketako xehetasunak biltzen ari zen kazetari ingeles bati lagundu nion. Nire berokia ere errekuperatu nuen. Kalean ikusi nuen gizon batek zeraman jantzita.

Biharamun goizean hain loguratuta nengoen, mozkortuta banengo bezala sentitzen nintzela. Oinez egiteko bakarrik arrasta nitzakeen oinak. Mendi hegaleko pinuen azpian sartu eta lo egin, besterik ez nuen nahi, baina kapitain batek topatu egin ninduen eta batailoira itzultzeko agindua eman zidan. Segituan joan nintzen. (Faustino Sarasua)

Bonbaketa amaitu zenean, kalearen beste aldean San Juan elizatik gertu, nire izeba ikusi nuen. Beregana joan nintzen korrika eta besarkatu egin nuen. Gero, nire aita kaletik zetorrela ikusi nuen. Herrenka zetorren. Emakume bat eta gizon bat laguntzen ari zitzaizkion. Begietan malkoak nituela beregana joan nintzen korrika. "Bizirik dago, bizirik dago", egiten nuen garrasi. Besarkatu eta musukatu egin nuen. Bera ikustean hain sentitu nintzen pozik! Oso kezkatuta nengoen beragatik. Udaletxe azpiko babeslekura joan zela kontatu zidan, baina gero mutiko batentzako ur bila igo zela. Urik ez zegoela ohartu zen eta une horretan bonba bat batek eztanda egin zuen. Denbora batez harrapatuta gelditu zen. Lurperatuta gelditu zitzaion gorputzeko zati handi bat, baina ez zuen zauri larririk. Hala ere, oso triste zegoen. "Francok dena suntsitu du", esaten zuen behin eta berriz. Gero, badut gogoan zerbait errepikatzen zuela, baina ezin dezaket azaldu. "Txoriak hilda daude, denak hil dira", esan zuen. (Deunore Labauria)

Bonbaketa amaitu zenean, jendeak Pasilekuko babeslekua uzten zuela ikusten ari nintzen. Nire ama euretariko bat izan zitekeela pentsatu nuen. Iruña jatetxean jardun zuen lanean. Ez zegoen handik urruti. Hala ere, ez zegoen babeslekutik atera zirenen artean eta ez nuen inon ikusten. Oso kezkatuta nengoen. Iruña guztiz deseginda gelditu zen zonaldean zegoen. Sugarretan zegoen. Orduan, gure etxera itzultzea erabaki nuen; kanpoko aldean zegoen, herriko hegoaldean. Etxera iristean zenbait pertsona ikusi nituen kanpoaldean. Nire ama ikusi nuen orduan. Negarrez joan nintzen berarengana. Han zeuden gainontzekoek oihu egin zidaten, eurak utzi ostean eta herrira korrika joan nintzenean hil egin nintzela pentsatzen zutelako. Nire amak sekulako belarrondokoa eman zidan nire zentzu gabeko jarreragatik. Gero, biok negarrez hasi ginen.

Beranduago, lau oilasko eta arrautzez betetako poltsa hartu genituen eta Ajangiz ondoko baserri batera zihoan jendearekin bildu ginen. (Pilar Maguregi-P)

Ondorioak

Ia gaua zen herriko hegoaldean zegoen gure fabrika txikira itzuli ginenean. Kalterik gabe zegoela ikusteak poztu egin gintuen. Eraikinaren inguruan buelta bat eman genuen eta sartzen hasi ginen. Orduan, belarretan etzanda zegoen zerbait ikusi genuen. Hara joan eta gizon bat hilda zegoen. Metrailatu egin zuten. Begiratu egin nion eta ezagutu egin nuen. Eako denda bateko jabea zen. Guk fabrikatzen genituen zapatak erostera etorri zen. Ez dut bere izena gogoratzen, baina bihotz oneko gizona zen. (Juan Ebai-P)

Nire ahizpa babeslekuan topatu nuen eta elkarrekin geunden bonbaketa bukatu zenean. Orduan kezka bakarra genuen: Non zegoen gure ama? Tilos Pasealekurantz joan ginen oinez. Lurrean hilik zeudenek ikara eragiten ziguten. Une horretan, Karmele Deuna ospitaleko erizain bat ikusi nuen. Ospitalera joateko eta zauria tratatzeko esaten ari zitzaidan behin eta berriz. Nik ez nuen joaterik nahi. Ama aurkitzea nahi nuen. Nirekin haserretu zen eta berak eraman ninduen ospitalera.

Ospitalean egon nintzen denbora guztian nire ama ikusi ote zuten galdetzen aritu nintzaion jendeari. Inork ez zuen ikusi. Etengabe sartzen ari ziren anda gurpildunei begiratzen nien. "Gizona ala emakumea da?", galdetzen nuen. Jende gehiena lanpetuta zebilen niri erantzuna emateko.

Azkenik, ospitalea utzi genuen. Lanpetuta zeuden nire zauria sendatzeko astia ateratzeko eta ez zen batere larria. Agustindarren ikastetxera joan ginen. Han ez zegoen. Gudariek arroza eta beste zenbait jaki eman zizkiguten, baina ez geneukan jateko gogorik. Errepidera bueltatu ginen. Jendea etengabe ari zen pasatzen. Euren senitartekoengatik galdetzen ziguten eta guk eurei geureengatik. Orduan, gizon batek gure ama bizirik ikusi zuela esan zigun. Hori jakinda hobeto sentitzen ginen. Gure senitartekoen baserrira joan ginen oinez, posible zelako bera ere hara joan izana.

Gure ama ez zegoen senitartekoen etxean, baina guk gaua bertan pasa genuen. Biharamunean, goizean goiz, Gernikaranzko bidea hartu genuen. Bidean gure ama ikusi genuen, guregana zetorrela. Oilo bat zekarren. Gau osoa gure bila aritu zen. Gure etxebizitza zegoen eraikinera joan eta deseginda zegoela ikustean gu bizirik topatzeko esperantza galdu zuen. Gure senitartekoen etxerantz zihoan, ez zekielako nora zuzendu. (Mertxe Idazlea-P)

Nik Gernikan fabrika txiki bat zuen gizonarentzako egiten nuen lan. Lehenengo bonba erori aurretik jo zuten kanpaiak entzutean bere emazteak fabrikatik alde egin zuen. Senarra galarazten ahalegindu zen. Emaztea egun osoz urduri egon zen eta ez zion kasurik egin. Gero, bonbaketa hasi zenean, fabrikatik alde egin genuen eta suntsitu gabe zegoen babesleku bat topatu genuen. Bonbaketaren ostean bere emaztea aurkitzen hasi ginen.

Herriko kanpoaldetik eta ahal izan genuen kale guztietatik ibili ginen. Inork ez zuen ikusi. Karmele Deuna ospitalean ere saiatu ginen. Ezer ez. Gau osoa jarraitu genuen bere bila. Orduan, herriko mendebaldean zegoen nire familiakoen etxean pixka bat deskantsatzea erabaki genuen.

Biharamun goizean, herrira itzuli ginen. Beste behin, Karmele Deuna ospitalean begiratu genuen eta, oraingoan, han zegoen. Gauean eraman zuten ospitalera, lepoko atzeko aldean balaz zaurituta. Ezagutu egin gintuen eta esaten ari ginena ulertzen ari zela zirudien. Ezin zuen hitz egin, baina bere senarrari keinuak egiten hasi zitzaion eta zerbait idatzi nahi zuela ulertu genion. Arkatza eta papera eman genizkion eta idazten hasi zen. Ezin zuen. Oso gogorra egiten zitzaidan bere ahalegina ikustea. Bere senarrari zerbait esateko irrikaz zegoen, baina ezin izan zuen egin. Handik lau egunetara hil egin zen. Hogeita hamalau urte zituen eta sei seme-alaba utzi zituen. (Julian Orbe)

Gernikako mendebaldeko mendirantz ihes egin nuen eta nire bi semeak nirekin eraman nituen. Auzokide bat ere gurekin etorri zen. Lazgarria izan zen han goikoa. Gure inguruan alde guztietan hil zuten jendea. Bonbaketaren ostean, nire senarra topatzean baino ez nuen pentsatzen.

Karmele Deuna ospitalera joan ginen zuzenean, beste inon aurkitzen aritzea ezinezkoa zelako. Ni bezala jende asko zegoen han senitartekoak lokalizatu nahian. Anda gurpildun bat ekartzen zuten bakoitzean nor zen galdetzen genuen. Egonezinez geunden guztiok. Nire semeak nekatuta eta gosez zeuden. Ezin nuen han gehiago gelditu. Gure etxea egon zen tokia ikus nezakeen eta baita gure denda ere. Herriko zonalde hori suntsituta eta sugarretan zegoen. Andra Mari kaleko babeslekuan babesa topatu zuten guztiak han gelditu zirela harrapatuta entzun nuen. Hura zen gure etxe eta dendatik hurbilen zegoen babeslekua.

Herritik alde egin eta Errigoitira bidean hasi ginen oinez; Gernikako mendebaldean dagoen herri txiki bat da. Nire bizilagunak, nirekin zegoenak, errepidearen ondoko baserrian senideak zituen. Gau hartan, berandu, bere baserrira heldu ginen. Gernikatik ihes egin zuen jendez beteta zegoen. Etxekoandrea gugatik ahal zuen guztia egiten ari zen, baina kezkatuta zegoen jakien erreserbak amaitu zitzaizkiolako. Gau guztia behiak jezten igaro zuen, jakiren bat emateko ahaleginean.

Gaua astiro joan zen. Etxera jende gehiago ari zen iristen eta nire senarra ikusi ote zuten galdetzen nien. Inork ez zuen ikusi.

Ondorioak

Beranduago, goizean goiz, jende gehiago entzun genuen atean. Nire abizena entzun nuen. Hunkituta korrika joan nintzen ateraino. Nire senarra zen. Nire ahizparekin eta gure etxean errefuxiatuta egon ziren neskekin batera zegoen. Bazekiten nirekin zegoen bizilagunak senitartekoak zituela baserri hartan. Nire senarrak nire ahizpa eta bi neskak udaletxeko babeslekura eramateko erabakia hartu zuen, Andra Mari kalekora beharrean. (Pilar Donostia-P)

Bonbaketa amaitzean, nire amari elizan gelditzeko esan nion. Joango nintzela gure etxearen egoera zein zen ikustera. Joan egin nintzen eta sutan zegoela ikustean elizara itzuli nintzen. Zonalde hartan gelditu ginen gauera arte. Han geundela jakin genuen Lumoko errepidean, ur-biltegiaren ondoan, hainbat gorpu topatu zituztela. Beranduago ikusi genituen nola jaisten zituzten. Aritzen etxearen aurrean jarri zituzten. Ez genuen inor ezagutu. Janzkeragatik sexua baino ezin genuen bereizi. (Maria Abascal)

Gernika mendebaldeko mendiaren mazelan, Lumorako errepidearen ondoan, igaro genituen orduak emazteak eta biok bonbaketak iraun zuen bitartean. Bide horretatik jaitsi ginen Gernikara bonbaketa bukatzean. Bidean, edadeko emakume baten gorpua ikusi genuen; aurrez, bonbak botatzen hasi zirenean, gorago igo zezan konbentzitzen aritu nintzaion emakumea zen. Eta, orduan, hain justu Zigertara iritsi aurretik (Zearreta edo Ziarreta ere esaten da), gudarien talde bat ikusi genuen. Laguntza eskatu zidaten, baina nire emazteari atzean gelditzeko esan zioten. Urrundu egin nintzen eta bidean hanka bat botata ikusi nuen. Harantzago, gorputzeko zati gehiago ikusi nituen. Gero, lurreratuta zegoen zuhaitzaren tokira iritsi ginen.

Alde guztietan gorputz laurdenkatuak zeuden. Guztiek hilik ziruditen. Bonba handi batek lehertu zuen euren ondoan. Hurbiletik behatu eta pertsona bat bizirik aurkitu genuen. Intzirika entzun genuen. Izara baten gainean jarri genuen eta beste hiru gudarirekin batera, bakoitzak izararen punta bat tiratzen zuelarik, iturriaren azpian dagoen baserrira eraman genuen. Gizonarengana jaitsi nuen begirada. Begiak zabalik zituen eta gaztea zirudien. Berak begira jarraitzen zidan eta begiradarekin zerbait esan nahi izango balit bezala zebilen. Eta zerbait esan zuen. Hurbildu eta entzun egin nion. "Osaba" izena errepikatzen zuen. Berriz begiratu nion. Eta sekulako sentsazio lazgarria sentitu nuen. Nire iloba zen, hogeita bat urteko nire iloba. Ez nuen ezagutu eta berak bazekien ez nuela ezagutu.

Berekin gelditu nintzen gudariak ospitalera eraman zuen arte. Berekin ez joateko eskatu zidaten, ospitalea jendez beteta zegoelako. Gaztea beranduago hil egin zen, gau hartan bertan. (Jon Ogia-P)

Bonbaketa gelditu zen unetik jendea etenik gabe iristen ari zen gure etxera. Batzuk ezezagunak ziren eta euren izenak ahots goran esaten genituen, guztiek entzun zitzaten edota beste logelara eraman zitzaten. Gaua sartzean, Jose Intxaurrandiren emaztea iritsi zen eta bere izena esan nuen. Bere senarragatik kezkatuta zegoen eta han egon ote zen ari zen galdezka. Nik ez nuen ikusi. Orduan, emazteak Joserekin auzoan egoten zen lagun bat ikusi zuen. "Non dago Jose?", galdetu zion. Gizonak begiratu egin zion. "Hor atean hil dute", esan zuen leunki. Horren ostean bietako inork ez zuen ezer gehiago esan. Segituan, biek etxeranzko bidea hartu zuten. (Angela Uruburu)

Azkenean ikusi nuen nire ama. Bidean zetorren bere astoarekin. Zauririk gabe zegoen. Bonbaketaren unerik gogorrena hasi baino lehen alde egin zuen herritik.

Gau hartan kanpoan eseri nintzen. Eta Gernika osoa ikusten ari nintzen eta baita sua gero eta handiagoa zela ere. Ilundu zuenean, nire aita atera egin zen eta ondoko baserrira joango ote nintzen galdetu zidan. Familiako nesketako bat ez zegoen han eta bera ez zen hara joateko moduan sentitzen. Ni joan nintzen eta bertara heltzean udareondoaren azpian ahizpa zaharrena topatu nuen, manta batekin estalita. Negar batean ari zen eta ezin zuen hitz egin. Egun hartan ez zela ongi sentitzen esan ahal izan zidan eta bere ahizpa gazteena, Miren, sendagairen baten bila joan zela Gernikara. "Nire erruz hil da", zioen behin eta berriz. Berekin gelditu nintzen une batez. Zer egin edo esan dezake batek, hamalau urterekin, gisa horretako arazo baten aurrean?

Azkenik, neska han utzi nuen eta baserrira itzuli nintzen. Nire aita etxearen goiko aldeko zelaian jarrita zegoen, suari begira. Igo eta bere alboan eseri nintzen. Han egon ginen denbora luzez eserita eta hauxe da nire aitaz dudan azken oroitzapenetako bat. Handik bi hilabetera zendu zen. Han igaro genuen denboran sua nola ari zen hazten ikusi genuen, zeruraino nola igotzen zen. Nolanahi ere, nire aitak ez zuen ezer esan mendien atzetik ilargia ateratzen hasi zen arte. "Ilargia gorria izango da gaur gauean", esan zuen. Ilargiari begiratu nion eta, gero, suari begira gelditu nintzen ostera ere. Gau hartan, denbora luzez egon ginen han eserita. Oheratzean, oraindik ere, sugarrek jarraitu egiten zuten. Eta ilargia gorri zegoen. (Pedro Gezuraga)

Nire senarra Bilbon zegoen eta nik etxeko sotoan pasatu nuen bonbaketak iraun zuen denbora guztia, nire alabetako hirurekin. Hala ere, bat falta zen, zaharrena. Ni ikaratuta nengoen, nigandik gertu zenbait bonba erori zirelako. Era berean, falta zen alabagatik kezkatuta nengoen. Bonbaketa bukatuta, hiru alabak han zeuden batzuekin utzi nituen eta erotu beharrean bera bilatzen hasi nintzen. Ezagutu zezaketenei galdezka aritu nintzaien, baina ez nuen arrastorik. Zenbat eta gehiago bilatu, orduan eta amorratuago jartzen nintzen. Azkenean, etxera itzuli nintzen. Hainbat pertsona zeuden, tartean gaixorik zegoen gure lagun bat. Guztiak galdu zituztenengatik negarrez ari ziren eta ni oso urduri nengoen. Ezin nuen han denbora gehiagoz gelditu. Goizean goiz, kale guztiak zeharkatu nituen alaba topatzen. Orduan entzun nuen gauean tren bat Bilborantz abiatu zela. Horrek esperantza apur bat eman zidan. Beharbada trena hartuko zuen.

 Etxera itzuli nintzen eta jendea komentatzen ari zen tropak segituan Gernikan sartuko zirela. Hala ere, han gelditu ginen, herritik gertu borroka libratu arte. Orduan, lagun batek konbentzitu egin zidan esanez hobe genukeela guztiok Bilbora alde egitea. Denbora gutxi gelditzen zen. Herriaren kanpoaldean tiroak entzuten genituen. Nire hiru alabak hartu eta kalera atera nintzen ahal nuen azkarren. Une horretan, zenbait tiroketa entzun genituen gugandik gertu eta gudari batek nire alaba gazteena kalearen beste aldera eramateko laguntza eskaini zidan. Zeharkatzen zeudela, metrailatu egin zituzten eta nire alabari balak izterrean jo zion. Barra-barra ari zen odoletan. Besoetan hartu nuen eta anda gurpilduna ekarri bitartean kontsolatzen ahalegindu nintzen. Eta, orduan, jarraitu egin nien, alaba eraman egin zuten eta. Kaleak trabaz beteta zeuden eta ez zen tiroketa gehiagorik egon. Nik ezin nuen erritmoa jarraitu eta nahasmenean nesketariko bat galdu nuen. Bera toki batetik joan zen eta ni, beste alabarekin, beste batetik. Neure onetik aterata nengoen. Zaurituriko alabarekin egon nahi nuen, baina galdu nuena topatzea ere nahi nuen. Etsituki, galdu zen jendea topatzen hasi nintzen alde guztietatik, baina ezin izan nuen bera aurkitu. Lumora doan bidetik joan nintzen gero, zaurituriko alaba topatu nahian. Azkenean ikusi nuen anda gurpilduna. Soldaduek ikusi ninduten eurengana nindoala korrika eta nire alabaren aurpegia estali zuten. Ez zidaten utzi ikusten. Azkenik, Bilbora bidean hasi nintzen oinez, nirekin nuen alaba bakarrarekin. Erabat nahastuta nengoen. Denbora bat igarota, nire Bilboko senideengana joan nintzen eta nire senarra eta bonbaketan gurekin egon ez zen alaba aurkitu nituen. Bonbaketaren gau berean atera zen tren berezian joan zen alaba. Ordurako, jada, ez nuen nire gorputza sentitzen.

 Bi hilabete beranduago topatu genuen Gernikan galdu zen alaba. Beste alaba hil egin zen eta handik denbora batera identifikatu genuen bere argazkia Bilboko bulego batean. (Felisa Urgane-P)

 Nire seme zaharrena nirekin batera egon zen babeslekuan eta gauaren gainontzeko partea nire emaztearen eta beste semearen bila aritu ginen. Ez geneukan euren arrastorik. Goizean goiz

Gernika bonbatu zuten eguna

esnezalearengana joan ginen –familiakoak ziren–, baina ez nuen bat bera ere ikusi. Etsita nengoen. Nire semea han utzi nuen eta hildakoen artean bilatzen hasi nintzen; herriaren kanpoaldean zeuden, oraindik batu gabe. Asko errekan zeuden. Batzuk gorantz begira zeuden, begiak zabalik zituztela. Buelta eman nien, eszena hain lazgarria izan ez zedin. Ez zegoen euren artean nire emaztea eta ezta nire semea ere.

Orduan, oraindik, jendea entzun zitekeen eta bizirik jarraitzen zutela jakin nuen babesleku guztietan begiratu nuen. Andra Mariko babeslekura joan eta hondakinen artean bilatzen hasi nintzen. Mugitzen ari zen zerbait ikusi nuen. Gizaki hankak ziren. Ume baten hankak ziruditen. Gainontzeko gorputza harri eta adreilu mordoz zegoen metatuta. Ezin zen ezer egin. Horretaz guztiaz konturatzean, buelta eman eta korrika alde egin nuen. Ezin nuen bilaketarekin jarraitu. Ezin nuen gehiago jasan. Hiru egunez ez nuen jan eta ezta lorik egin ere. Noraezean aritu nintzen semearekin batera zelaitik. Eta auzokideek emandakoa hartu nuen berarentzat. Hirugarren egunean, berriz ere, Gernikara joan ginen. Francoren tropak herrian sartzeko puntuan zeuden, baina hain nekatuta eta deprimituta nengoen konturatu ere ez nintzela egin. Tokiren batean gelditu ginen eta eseri egin nintzen. (Federico Iraeta)

Biharamun goizean herrira itzuli nintzen. Gris eta lainotuta zegoen. Sute batzuek kiskaltzen jarraitzen zuten eta ke-jarioa isurtzen zuten fokuak zeuden batean eta bestean. San Juan kaletik joan nintzen eta Felipe Bastarretxearen gorpua ikusi nuen Errenteriako zubiaren azpian. Buruz gora zabalduta zegoen, batel txiki baten ondoan. Zubia zeharkatu nuen eta San Juan kaletik jarraitu nuen. Babeslekuen ondora iristean, pertsonen oihuak entzun nituen; babeslekuetatik zetozen. Oraindik, hondakinen azpian, jendea bizirik zegoen. Batzuen gainean materialez betetako mendiak zeuden. Ezinezkoa zen handik ateratzea.

Nahiago nuen hiltzea, beste behin laztura hori ikustea baino. (Francisca Arriaga)

Hurrengo egunean, gurasoek Arratzura eraman ninduten. Gure familiakoekin gelditu ko ginen, baina hara iristean iritziz aldatu zuten. Tropak zonalde hartan borrokatzeko prestatzen ari ziren eta nire gurasoek handik ihes egitea nahi zuten. Gau berean irten eta Gernikara itzuli ginen. Herriko erdigunea zeharkatu genuenean Iruña jatetxea egon zen tokitik pasatu ginen. Gelditu egin ginen eta gogoan dut herrian zegoen isiltasuna. Une horretan, erabat hondatuta zegoen eraikinetik zetozen intziriak entzun genituen. Oraindik, jendea bizirik zegoen azpian. Ikaragarria izan zen hura, bonbaketa bera baino okerragoa. Gogoan dut behin eta berriz botaka ari nintzela. (Karmen Zabaljauregi)

Ospitalean lan egin nuen gau guztian. Jende gehienak erredurak zituen eta denbora gehiena era horretako zauriak sendatzen igaro nuen. Ia ez genuen sendagairik lan egin ahal izateko. Uste dut morfina bonbaketa bukatu aurretik amaitu zela.

Biharamunean, ospitaletik atera nintzen eta gizon batzuekin batera babeslekuetan lurperatuta gelditu zen jendearengana joan nintzen. Pertsona batzuk, oraindik ere, bizirik zeudela ari zen komentatzen jendea. Kaleetariko batean sortu zuten babesleku luzea ikusi nuen. Ez dakit jendeak, han, nola biziraun zuen. Alde biak ikusi nituen: biak material tonez pilatuta zeuden. Beste bi egun gehiagoz herrian gelditu nintzen, ospitalean lanean. Badakit, ordura arte, ez zutela inor babeslekutik atera. Molaren tropak beranduago sartu ziren eta ez dut uste inolako presarik zutenik jende hori erreskatatzeko. Denbora, faktore bezala, kontuan izanda eta errefuxiatu horiek herriko erdigunean zeudela jakinda, alegia, sutea indartsuen zegoen tokian, ez dut uste han hil zen inor inork sekula identifikatuko zukeenik. (Augusto Barandiaran)

Apirilaren 27ko goiz hartan, herrira joan ginen nire neba topatzeko helburuz. Ospitalean aritu ginen bilatzen eta ez zegoen han. Herrian zehar barreiatuta zeuden gorpuzkinen artean topatzen hastear geunden, baina gehienak jaso egin zituzten eta kanposantura eraman. Nire nebaren amaginarreba hilerrira joan zen eta han aurkitu zuen. Orduan, bera bakarrik etxera itzuli, gurdi bat hartu eta gorpuaren bila joan zen kanposantura. Gure herri txikira ekarri zuen eta bertan enterratu genuen. (Andresa Idoiaga)

Gau guztia bakarrik egon nintzen. Eta nire barruan zerbait hautsita zegoen: kaleetan zehar oinez nindoala, hildakoen gorpu guztiak ikusten, ez zidan ezerk hunkitzen.

Gauean zehar, uneren batean, Zearretako etxeko atean jarri nintzen beste batzuekin batera. Lo egin nuen une batez. Emakume batek gazta eta ogi pixka bat eman zizkigun, baina nik ez nuen jateko gogorik. Gau osoan zehar, gudariek eta baserrietatik zetozen pertsonek gorpu gehienak jaso eta kamioi eta gurdietan pilatu zituzten.

Biharamunean, pertsonen identifikazio lanetan laguntzera joan nintzen kanposantura. Gorpuzkinez osatutako ilara luzeak zeuden han. Batzuk erraz identifika zitezkeen, baina beste batzuk ez. Gogoan dut altuera luzeko Arratzuko neska bat ongi aski ezagutu nuela. Hasieran, eskularruak zeramatzala pentsatu nuen, baina purpura kolorea asfixiatuta hil zelako zen.

Goiz hartan, beranduago, jende asko kanposantura iristen hasi zen; familiartekoen bila zetozen. Gernikako inguruetako baserri eta herri txikietakoak ziren ia guztiak eta hilerritik gorpuak jaso zituzten euren herrietan lurperatzeko. Gainontzeko gorpuzkinak hobi komunetan enterratu zituzten: bata kanposantuan eta bestea ondoko zelaian. (Andresa Zumeta)

Tropak Gernikan sartu ondoren, inguruetako herrietako gizonei Gernikara joatera derrigortu gintuzten eta hondakinak jasotzen laguntzera. Ni gizon horietako bat izan nintzen. Lehenengo, kale nagusietan lan egin genuen eta, gero, albokoetan. Behin baino gehiagotan lan egiten jarraitzeari uko egin genion. Gorpuak neurri batean deseginda zeuden eta gorputzeko zatiak hondakinen artean. Goragaleak eta horiek gure lagunak izan zirela pentsatze hutsak ezinezkoa egiten zuten lana. Hala ere, gelditzen ginen bakoitzean mehatxatu egiten gintuzten eta lanera itzuli behar izaten genuen. Jasanezina zen. Sudurrean eta ahoan zapiak jarri genituen eta begiak zarratzen genituen, gorpuak edo gorputz zatiak altxatu eta idiek tiratzen zituzten gurdietan jartzen genituenean. Eta kale guztiak garbitu arte jardun genuen lanean. (Pedro Agirre)

Egun batzuk beranduago, tropak herrian sartu ziren. Ni okindegiko ilaran nengoen, begira ari zitzaidan soldadu alemaniar bat ikusi nuenean. Ofizial bat zirudien. Ez nion kasurik egin, baina joan nintzenean nire atzetik zetorrela ikusi nuen. Gero, zerbait esaten entzun nuen. Gelditu egin nintzen. Hurbildu egin zitzaidan eta zilarrezko txanpona zuen eskuan. Adeitasunez, eskaini egin zidan. Buelta eman nuen eta azkar batean egin nuen oinez senarra, bi semeak eta ni bizi ginen baserrira. Bonbaketaren ostean familiako batzuekin bizi ginen. Gure etxea eta denda suntsituta zeuden eta soinean generaman arropa kenduta beste guztia galdu genuen.

Soldaduak baserrira arte jarraitu zidan. Senarra nire bila atera zen. Soldadua hurbildu egin zitzaigun. Nabarmena zen adeitsua izan nahian zebilela. Gaztelera nahiko zuzenez hitz egin zigun eta nire senarraren aurrean eman nahi zidala dirua esan zidan. Ogia erosteko ilaran ikusi ninduela eta lastima sentitu zuela esan zuen. Benetan ari zela zirudien eta dirua hartu nion. Era berean, nire semeei ere txanpon txikiak eman zizkien. Gero, joan egin zen eta berriz bisitatuko gintuela esan zigun.

Bisita hura eta gero, behin baino gehiagotan agertu zitzaigun. Bakarrik zegoen eta berari buruz asko hitz egin zigun. Alemaniar aireindar konpainiako tenientea zen eta bonbaketan parte hartu zuen pilotuetako bat. Herrian sartu eta suntsiketa ikustean gaizki sentitu zen. Espainiako gudara etortzeko engainatu zutela esan zuen eta bere kontratua amaitu nahi zuela, etxera itzultzea eta ejertzitoa uztea. Bere familiak bitxi denda bat zuen Alemanian. Jatortasunez tratatu genuen denbora guztian eta uste dut zintzoa zela. Alabaina, gai batzuk mingarriak egiten zitzaizkion. Sarri galdetzen genion gure seme txikiari, euskaraz: "Nola egiten dute metrailadorek?". "Ta-ta-ta-ta", erantzuten zuen berak. Seguru nago, gizon hark, oraindik bizirik badago, haren guztiaren oroimen samingarria izango duela.

Egun batez, bi ofizial italiar etorri ziren alemaniarrarekin batera. Haiek ere barkamena eskatu ziguten gure herrian izaten ari ziren presentziagatik. Ofizialetako batek izugarri sumatzen zuen faltan bere familia. Berak ere bi seme zituen eta beldur zen; berriz ikusiko zituenerako denbora asko pasatuko zen. Italiarretako bat italiar guztiak kristautasuna salbatzeko sartu zirela armadan esanez ari zen. Beste italiarra apaiz izateko ikasten ibilia zen eta armadan sartu zuen obispoaren izena eman zuen. Hemen, apaizak urkatzen eta elizak erretzen genituela esana zien obispoak. Eta harrituta gelditu zen ikustean euskaldunok elizarekin genuen fideltasuna eta apaizekin genuen gertuko harremana. Nik esan nien: "Bai, gure abadeekin gertuko harremana dugu, Francoren aginduak jaso eta geure herria suntsitu dugula esaten digutenekin izan ezik". (Paula Dirua-P)

Bigarren tragedia: epilogo pertsonala

1970eko uztailaren amaieran gertatu zen hau. Nire lagun gazte Joe Cenarrusarekin nengoen, Boiseko euskal amerikanuarekin; Gernika inguruan familiakoak bisitatzen ari zen. Zonalde hartan genbiltzan lehen eguna zen, udako zati handiena Iparraldean dagoen Nevadako Unibertsitateko Euskal Institutuan ikasten egon ondoren. Joeren bigarren lehengusu batekin geunden, Claudio Abanzabalegirekin. Amerikan lan egindakoa zen bera, lehenengo Pete Cenarrusarentzako artzain eta gero kontramaisu bezala. Amerikan irabazitako dirua aurreztuta, Durangoko taberna-jatetxe baten jabe egin zen. Jai kutsuz, paseoan genbiltzan landa-gunetik. Durangotik ateratzean, errepide ondoko tabernetan gelditu ginen txikito edo ardo zuri tradizionalak hartzeko. Horrela, Bizkaiko Balkoira heldu ginen. Paisaia behatzeko begiratokia da eta bertatik Gernikako ibar osoa eta Bizkaiko mendi masaren zati handi bat ikus daitezke. Eskala handiko nire mapa erabilita herri eta mendi garrantzitsuenak non zeuden seinalatu zigun Claudiok. Harrituta gelditu nintzen. Paisaia zoragarria zen. Idilikoa. Azkenik, elkarrizketa desegiten joan zen guztiok isilik gelditu arte, bakoitza bere pentsamenduetan murgildu zelarik.

Ni isiltasuna apurtzen lehena izan nintzen. "Claudio, non zeunden Gernika bonbatu zutenean?", galdetu nion. Une horretara arte Claudio festa giroko animoz zegoen, barrezka eta bromak egiten; euskal emazteak aurkituko zizkigula esanez zebilen, gu, garai hartan, ezkongabeak ginen eta. Keinu bat egitera mugatu zen. Joe segituan konturatu zen eragin nion egonezinaz. "Ez zaitez kezkatu Claudio, Basiliotaz fida zaitezke. Gainera, niri ere gustatuko litzaidake jakitea. Non zeunden Gernika bonbatu zutenean?", galdekatu zuen Joek.

Nik nire euskal izenez erantzuten nuen, Basilio Egurtxiki izenez; duela urte batzuk nire Idahoko euskal lagunek jarri zidaten izen hori eta Joe nire lagunak emandako konfiantza botoa eskertu egin nuen. Hala ere, ez nuen nahi Claudio gozatzen ari zen festa giroa hausterik. Oraindik ez nintzen Gernikan egona eta bonbaketagatik interes arina nuen, ez sekulako kuriositatea. Banekien guda zibil garaian Luftwaffe alemaniarrak terrorezko bonbaketak egiteko entsegu gisa erabili zuela herria eta suntsiketaren naturak inspiratu zuela Picasso bere artelana egiteko; ez nuen sekula ikusia horrek bezain besteko hotzikara eragiten zuen artelanik. Hori baino ez nekien bonbaketaz.

"Ni hango gailurraren ondoko baserrian bizi nintzen", esan zuen Claudiok ingurura isilean begiratu eta zuhaitzen atzean inor gu entzuten ez zegoela ziurtatu ostean. Ez zegoen beste autorik aparkatuta begiratokian.

"Claudio, zenbat urte zenituen orduan?", galdetu zuen Joek.

"Zazpi", erantzun zuen.

Hurrengo galdera nik nahi nion egin, baina Joek egin zion nire partez. "Zer gogoratzen duzu egun hartatik, Claudio?", galdetu zuen.

"Ia guztia", erantzun zuen etsipenez.

Oraingoan, interesatzen hasita nengoen. Beti izan dut argi txikitako gertakizunen memoria eta ezin izan nion bere memoriari erronka jartzeko tentazioari eutsi. "Zer gogoratzen duzu egun hartatik?", galdetu nuen.

Claudiok beherantz begiratu zuen. Paisaia kontenplatzen aritu zen eta une batez pentsatzen. Gero, xehetasunez, arratsalde hari buruz zekien guztia kontatzen hasi zitzaigun. Astelehena zen, merkatu eguna Gernikan, bere aita astelehenero legez herrira joana zen... Bazkaltzen zeuden hegazkin txikien burrunba baxu, euren etxearen gainean, entzun zutenean...

"Zer egin zenuen hegazkinak entzutean?", galdetu zion Joek.

Claudiok kontatu zuen bere amak bi arrebak, anai gazteena eta bera batu eta erreka-zola ondoan zegoen zuhaizti batera eraman zituela; bere baserritik behera joanda zegoen. Gero kontatu zuen zonaldean metrailadoreak eta bonbak entzun zituela.

"Hori ordu biak aldera izan zen?", galdetu nuen. Bazkaltzeko ohiko ordua izango zela pentsatu nuen.

"Ez, goizago zen. Gaur egun baino goizago bazkaltzen genuen", esan zuen. Gero kontatu zuen goiz hartan aurrez erreka-zolara bidaiak egin zituztela eta aurreko eguneko arratsaldean hegazkinek Arbatzegi inguruak metrailatu eta bonbatu zituztela. Mendiaren beste aldean dagoen herri bat da, justu gu geunden tokia. Hegazkinak gainetik pasa ostean, erreka-zolan egon ziren eta, azkenik, arratsean, Gernikako ibarrean airean zebiltzan bonbaketari uholdeak ikusi zituzten. Leherketak entzuten zituztela eta leherketen ostean kea ikusten zutela kontatu zuen. Guztiak kezkatuta zeudela ere esan zigun, aita herrian zegoelako. Azkenik, kontatu zigun une horretan herria ikustea oztopatzen zigun mendi gailurretik gora egiten zutela herriko sute eta sugarrek.

Ordurako, Claudio hunkituta zegoen eta kontu gehiago kontatzeko puntuan zegoenean isildu egin zen. Bira eman nuen eta gure ondoko aparkalekuan auto bat sartu zela ikusi nuen. "Beraz, lehengusu, uste duzu jatetxe bat eraikitzeko toki egokia dela hau?". Hori esanez begiratokiko ertzera eraman gintuen, bistak ikusteko asmo guztiz heldu ziren gizon eta emakumetik urrunduz.

Gaua iritsi arte ez genuen Gernikako bonbaketaz gehiago hitz egin, edadeko euskal gizon gehienen jai giroko erritua amaitu zen arte. Errepide alboko taberna guztietan ardo beltzezko txikitoa edan eta pintxoak jan genituen eta atzetik bost platereko janaria, kafea, brandya eta puruarekin bukatu genuen. Azken hori bukatzen geunden, Gernikako kaleak zeharkatzen dituzten tabernetako batean –berrogeita hamarretik gora zeuden–, Claudio berriz ere hizketarako gogoz zegoela sumatu genuenean.

"Claudio, zergatik kezkatzen zaitu norbaitek Gernikako bonbaketaz hitz egiten entzuteak?", galdetu nion.

Claudio zutitu egin zen eta tabernaren albo bietara begiratu zuen. Euskaldunez beteta zegoen taberna. Edaten eta eztabaidan zebiltzan eta zaratak ez zuen uzten inork gu entzutea. Gainera, ingelesez hitz egiten ari ginen. Claudio urreratu egin zitzaidan eta belarrira "gero" esan zidan.

"Gero" hori ez zen iritsi gau hartan. Arratsaldeko erritualaren bigarren zikloarekin hasi ginen. Gauean, beranduago, nabigatu genuen nolabait nire kabriolet bertsioko Triumph Spitfire autoan, Arantzazura itzultzeko errepide sigi-sagatsutik; Arantzazu, Gernikako hegoaldean dauden granitozko mendien gainean dagoen monasterioa da, gu eta beste lagun batzuk ostatu hartzen geunden tokia.

Biharamun goizean, dantza tradizionalak egiten dituen Oñatiko talde batek ospakizun gartsua egin ostean, Gernikara itzuli nintzen. Oraingoan, ondoko eserlekuan lagun bat zetorren nirekin. Miren Rementeria, Boiseko euskal amerikanua. Aste Santua igarotzera zihoan bere izebarekin Gernikara. Arratsean heldu ginen eta nire lagunak, euskaraz jario biziz, jende asko ibiltzen den herriko hotel batean logela lortu zidan. Beranduago, nire laguna bere izebarengana eraman ostean, logelara itzuli nintzen eta segituan hartu nuen lo.

Biharamun goizean, goizean goiz, kalean nengoen, nire burmuina aire freskoz indarberritzeko gogotsu. Abentura kutsuz, herriko erdiguneko kaleetan aritu nintzen oinez: erakusleihoak ikusi nituen eta lanera prisaz zihoan jendeari behatu nion. Orduan hasi nintzen sentitzen zerbait desberdina zegoela Gernikan. Kaleetan eta eraikinetan zerbaitek molestatu egiten ninduen. Oinez jarraitu nuen eta, azkenik, ohartu nintzen. Euskal Herriko gainontzeko herriak kale estu eta ilunak izateagatik bereizten dira. Alboetan taberna eta denda ilunak izaten dituzte eta ura darien izarez apainduta egoten dira; pisu ilunetako

Gernika bonbatu zuten eguna

jendeak eskegitzen dituen izarak izaten dira. Gernikako erdigunea erabat desberdina zen. Berria zen. Begiratzen nuen albo guztietan denda eta taberna berriak zeuden eta euron gainean etxebizitza berri eta modernoak; arropa barruan lehortzeko tokia zuten eraikin hauek.

Noski, herria berria zen. Herri zaharra bonbatu egin zuten eta ni berreraikitako herrian nengoen, baina herriko zein zati desegin zuten? Ba al zegoen bonbaketaren hondakinik? Galdera horiek nire kuriositatea estimulatzen zuten eta herritik interes gehiagoz hasi nintzen oinez.

Azkenik, erdiguneko plazara heldu nintzen. Lorez beteriko kurba finak eta zuhaixkak zituen, ondo zainduak, eta edozein jauregiko lorategi zirudien hark; beste herrietako plazetan ez nuen inon horrelakorik ikusi. Euskal gizon edadetuak, euren txapela beltzekin, plazako eserlekuetan zeuden deskantsatzen, eguzkiaz gozatzen eta egunkariak irakurtzen. Euren artetik pasatu eta, gero, herriko mendebalderantz eraman ninduen kaletik joan nintzen. Hemen, lehen aldiz, bonbaketa aurrekoak ziruditen eraikinak ikusi nituen. Etxebizitzak desberdinak zirela nabarmen ikusten zen; espaloi kanpora ateratzen ziren beiradun balkoi handiak zituzten.

Oinez jarraitu nuen eta, segituan, Gernikako mendebaldeko mendietara doan errepide aldapatsu eta bihurgunez beterikora heldu nintzen. Errepidetik aurrera jarraitu nuen denbora batez, herria eta ibarra ikus zitezkeen zementuzko eserleku zahar bat zegoen tokira heldu nintzen arte. Goiza garbi eta eder zegoen eta emeki-emeki eserlekuan jarri nintzen. Bertatik mendi zahar berdeak eta euron oinetan elkarri atxikitako baserri pintoreskoak ikusten egon nintzen. Zelaiak lasaia eta betierekoa zirudien, baina herritik makinaria zarata zetorren eta baita etenik gabe ari zen zerra handi baten intziria ere; baserri giroko euskal herrietako izaera aldarazten ari zen industrializazioaren oroigarri gogorra zen hori.

Herriari arretaz begiratzen egon nintzen. Harrigarriki, baina konpaktua zen eta teilatuetako teilen laranja koloreak herriko inguruetako paisaiaren kolore berde suabearekin kontrastatzen zuen, armoniarik gabe. XVI. mendekoa zirudien eliza handi bat herritik ateratzen zen, hain zuzen ere ni nengoen mendiko beheko aldetik. Koloregabeko teilatuko teiletan jarri nuen arreta eta hori erreferentzia gisa hartuta teilatuak ikertzen hasi nintzen, bonbaketan biziraun zuten eraikinen bila. Gutxi batzuk deskubritu nituen, baina herriko kanpoaldean zeuden. Gainontzeko eraikinek berriak ziruditen. Herriko erdiguneko alde zaharra osorik suntsitu zutela zirudien.

Oinez hasia nintzen Gernikarantz bueltan beste gauza batez ohartu nintzenean. Gernikara zihoazen emakumeak ikusi nituen

Bigarren tragedia: epilogo pertsonala

errepidean goiz osoan zehar; emakumeak esnez eta barazkiz beteriko urontziak zeramatzaten astoekin zihoazen. Orain, gehiago zeuden eta pausu alai eta luzez aurreratzen ninduten. Astelehen goiza zen. Astelehena. Claudiok esan zuen Gernika astelehen batez bonbatu zutela. Azoka eguna zela ere esan zuen. Orain, astoak herrirantz zeramatzaten emakumeak ikusirik, desberdin sentitzen nintzen. Merkatura zihoazen. Eta adinari erreparatuta, 1937ko zorigaiztoko astelehen goiz hartan posible zen emakumeak errepide beretik astoak eraman izana. Horixe galdetzen nion neure buruari eurekin oinez nindoala. Zer konta zezaketen egun hartaz? Herrian egon izan balira, nola lortu zuten bizirautea? Ulertzen al zuten bonbaketarien misio gaiztoa, herrira gerturatzen ari zirela ikusi zituztenean? Galderak egitea pentsatu nuen eta, era berean, esfortzu hori alferrikakoa zela. Emakumeak, ordurako, susmoz eta etsaikeriaz begira nituen eta txarrena zen ez nekiela euskaraz egun onak ematen. Hala ere, sentimendu bat gelditzen zitzaidan, Montanan, Little Big errekako Custer jeneralaren borrokarako zelaira egin nuen bisitan sentitu izan nuena aurrez. Bisita hura baino lehen batailari eta han borrokatu zuten zazpigarren zalditeriako soldaduei buruz irakurtzen ez nintzen nekatzen. Orduan, zelaitik oinez nindoan egun batean, hildako soldaduen hilarriak ikusten, zerbaitek hara bidali ninduela sentitu nuen. Bihozkada arraroa sentitu nuen. Custerren monumentura iristean, mendi magal hartan hil ziren soldaduen izenen artean neurea ikusi nuen eta horrek antiklimaxa sentiarazi zidan.

Astoekin zihoazen emakumeekin batera itzuli nintzen herrira eta kafe bat hartzeko toki bila hasi nintzen. Azkenik, denbora batez kaleetan oinez aritu ostean, euskal gizon handi eta itxura oneko batekin topatu nintzen Boise tabernan eta nik ulertzeko moduko ingelesa egiten zuen. "Egunon", esan zidan.

"Egunon", erantzun nion ingelesez. "Kafesne bat nahi nuke". Eta zera gehitu nion: "Non ikasi duzu ingelesez hitz egiten?"

Euskaldun hau, Gernikako beste enpresari asko bezala, artzain industrian lan egindakoa zen eta herrian taberna propioa ireki ahal izateko diru nahikoa aurreztu zuen. Eta ezagutzen joan nintzen gainontzekoen moduko atsegina zen eta zinez esker ona erakusten zuena Estatu Batuek eman zioten aukeragatik. Elkarrizketa luzea izan genuen eta euskaraz egun onak ematen erakutsi zidan. Orduan galdetu nion: "Gernikan jaio eta hezi zinen?"

"You bet. I spend my whole life 'round here before I went to America". Hori izan zen gutxi gorabehera bere erantzuna, gogo beroz eta afektuz eman zidana.

Hurrengo galdera ahal nuen adeitsuen egin nion. "Non zeunden Gernika bonbatu zuten egunean?"

Oraindik, gaur, damutu egiten naiz galdera hura egiteaz. Ireki eta jator agertu zitzaidan gizon hura, mailegu bat eskatu izan banio bezala ari zitzaidan begira. Jarrera aldatu zuen erabat eta tonu serioan, arretaz atera begiratuta, urratutako ingeles batean zera erantzun zidan: "Let me tell you something. You no talk politics here like in America. The God dammed police got people listening everywhere". Gero, eskuarekin, elkarrizketa mozteko keinua egin zuen.

Hori izan zen gure elkarrizketaren amaiera. Tabernaren barruko aldera joan zen eta limoiak ebakitzen hasi zen. Eserita gelditu nintzen, deseroso, nire katilu hutsarekin, eta mostradorean utzi nuen billetea aldatzeko zain nengoen. Azkenik, zutik jarri nintzen, billetera aurrerantz mugitu nuen eta hurbildu egin zitzaidan aldatzeko. "Eskerrik asko gomendioagatik", esan nion aldentzean.

"You bet", erantzun zuen laburki.

Horren eraginez, gaiaz ahaztu egin nintzen. Denbora batez behintzat. Zer arraio! Oporretan nengoen eta ez nuen etorkizuneko laguntasunik hondatuko konpromisozko "galdera politikoekin". Gainera, guardia zibilaren itxura argia zuten zenbait bikotetan arreta jarria nuen zenbait kale bazterretan; herritarrei begira zeuden, lepotik Uzi markako metrailadoreak eskegita zituztelarik. Hau, argi eta garbi, okupatutako lurra zen eta, aurreko asteetan Iparraldean entzun nituen elkarrizketengatik, jendeak bizkartzain haien beldur izateko arrazoiak zituen.

Joe Cenarrusa eta ni astea ondo pasatzera eta disfrutatzera dedikatu ginen. Ez nintzen bonbaketaz hurrengo zapatura arte akordatu, Gernikako iparraldeko baserri batean familiako bazkaria izan genuen arte. Joerekin batera gonbidatu ninduten; etxeko jaunaren senidea zen Joe. Eta Miren ere gonbidatu zuten. Bazkariaren ostean, baserriaren kanpoaldean nengoen herrira begira, hain zuzen ere hegoaldera. Miren kanpora etorri eta nire ondoan jarri zen. "Ederra, ezta?", esan zuen.

"Bai, oso polita. Eta jende honek bonbaketari buruzko zer ikuspegi izan ote zuen!"

"Bai, dena ikusi zuten", erantzun zuen. Gaia planteatzeko nire moduak ez zion molestatu.

"Uste duzu gaiaz hitz egingo luketela?". Galdetu egin nion. Soilik kuriositatea nuen. Ez nuen inolako intentziorik gai honi buruzko elkarrizketa batekin familia arteko bazkari bat hausteko.

Bigarren tragedia: epilogo pertsonala

Miren horretaz ohartzen zen. "Seguru baietz. Uste dut ni zurekin banago, hitz egingo luketela", ziurtatu zuen. Ausarta zen neska hau eta eztabaidarekin jarraitzeko intentzioa zuela erakusten ari zen.

"Zergatik du hemengo jendeak bonbaketaz hitz egiteko beldurra?", galdetu nion.

Miren une batez pentsatzen gelditu zen. "Ez dut uste eurak uste duten moduko arriskutsua denik", esan zuen.

"Ados. Hala ere, zergatik izango zatekeen arriskutsua? Gertaera historiko ezagun bat da; Picasso arduratu zen horretaz".

Orain, familiako batzuk atera egin ziren eta guregana etorri. "Itxaron gaur gauera arte, askatasun osoz hitz egin dezakegun arte", esan zuen tonu baxuz.

Gau hartan ez nuen Mirenekin bakarrik egoteko aukerarik izan. Gernikara joan nintzen, Idahoko lagun euskaldun baten senideak bisitatzera; kostako herrian bizi ziren, Lekeition. Gero, nire Spitfire-a Londresera eraman behar izan nuen, Estatu Batuetara eramateko enbarkatzera. Aste bete edo zertxobait beranduago, Parisko Orly aireportuan etxeranzko itzulerarako hegazkinaren zain nengoela, Mirenekin topatu nintzen berriz. Air Franceko hegazkin txarter bera hartzera gindoazen. Orduan lortu nituen nire galderetako askoren erantzunak.

Nik banekien Mirenen amak guda ostean espainiar espetxeren batean igaro zuela denboraren bat. Ama-alabak aberri zale sutsuak zirela ere banekien eta seguru aski euskal gai politikoen gaineko ikuspegi oso nazionalista izango zutela. Horregatik, ez zitzaidan harrigarria egin Mirenek, pasio biziz, kontatu zidan kontakizun sinestezina; Francoren gobernuak euskaldunak jo zituela Gernikako bonbaketaren erruduntzat. Propagandaren ofentsiba izan zen Gernika herriko "gorriek" suntsitu zutela pregonatzeaz arduratu zena: "gorriek" eraikinak apurtzeko dinamita jarri zuten estoldetan eta gasolina erre zitezen.

Miren ipuin hori kontatzen ari zitzaidala irribarrea atera zitzaidan eta hurrengo komentarioa entzutean sutu egin nintzen. "Baita zera ere, euskalduntxo! Hori baino zerbait hobea asmatu beharko duzu", esan nuen. Txantxetan ari nintzen, aurrez ere bertsio hori entzuna nuelako eta berriz entzutean zinez irrigarria iruditu zitzaidalako. Euskaldunekin denbora igaro duen edonork ezagutzen du antzinako askatasun tradizional eta demokratikoen gainean duten obsesioa. Eta antzinako herriko Juntetxea tokirik eta sakratuena zen eta euskal kulturako berezko parekidetasunaren sinboloa. Zerk eraman zuen jende hura euren herri sakratuan sistematikoki dinamitak bota eta gasolina jaurtitzera?

Gernika bonbatu zuten eguna

Miren eta ni lagun min egin ginen eta adar joka ari nintzaion jarri zuen txundimen aurpegiagatik. Laguntasunagatik izan ez balitz, zaplaztekoa emango lidake. Suminduta jarri zen eta negarrez hasi zen. "Baina hori izan zen esan zutena", baieztatu zuen negar zotinka. Gero, amorruz kontatu zidan propagandak egindako lanaren handitasuna. Kanpoko apaizak ekarri zituzten eta historia hori kontatzen jarraitzeko eta pulpituetatik "dinamitatzaile gorriak" denuntziatzeko aginduta zeuden; Gernikako herritarrei propaganda errepikatzeko oharrak ematen zizkieten eta propagandaren fabula tribunaletan deklaratuz gero, barkatuta zeudela eragindako delitu arinengatik. Gero, bere amaren aurkako epaiketaz hitz egin zidan: okupazioa baino lehen literatura nazionalista banatzeagatik hogeita zazpi hilabete igaro behar izan zituen espetxean.

Bere ama espetxean zela, senide batzuen bisita jaso zuen eta Gernikako eraikinei gasolina botatzen ari ziren txapel gorridun gizonezkoen marrazkiak erakutsi zizkioten. Liburu horiek Gernikako haurren artean banatu zituzten, behar zen bezala "hezituak" izan zitezen. Era berean, gobernu frankistak egindako dokumentalaren berri eman zioten senideek. "Gernikako krimenaren" birsortzea jasotzen zuen lanak. "Eta entzun zer gertatu zitzaion nire aitonari…"

Moztu egin nion. "Ondo da, ondo da", esan nion. "Asko sentitzen dut mindu bazaitut. Konbentzitu egin nauzu". Bere kontakizuna sinetsi egin nuen, arrazoi soil bategatik: ez nuen euskaldun gezurtirik ezagutu. Eta ez nuen uste Mirenen ama gezurtia zenik. Gainera, Miren, aurreko urteko udan, Gernikan bizi izan zen eta propaganda frankistari buruzko kontu asko ezagutu zituen, seguruenera, bere lagun gazteen bidez. Alabaina, oraindik ez zidan begi onekin begiratzen, zalantzati zegoen. Bere sentiberatasuna ukitu nuen eta ez zihoan gaia bertan behera uztera. "Begira", esan nion barkamena eskatuz. "Mesedez, ez zaitez honengatik haserretu. Kuriositatea baino ez nuen. Hori da dena. Ez noa horri buruzko liburua idaztera".

1970eko udan izan zen hori.

Nire seme zaharrenarekin batera, William M.rekin, Gernikara itzuli nintzen 1971ko irailean. Urte horretan erabaki nuen, astelehen hartan, 1937ko apirilaren 26an, gertatu zenaz enteratuko nintzela. Modu berean, banekien euskaldun ikarati haiek ez zutela nirekin hitz egingo euskaraz ikasten ez banuen. Banekien euskaldun gutxik ezagutzen zutela euskaraz hitz egiten zuen kanpotarren bat. Pentsatu nuen ni salbuespena izango banintz, nitaz fidatzeko aukera gehiago izango nituela. Prozesuarekin hasteko, Idahoko Mountain Home euskal ostatura afaltzera joaten hasi nintzen eta han euskal artzainek "Aizia otza dau" bezalako esaerak erakusten disfrutatu egiten zuten. Gero, apirilean, nire lagun onenak, John Bideganetak, Bruneau artzain konpainiako langileburu John Basabe konbentzitu zuen Owyhee konderriko mendietan zuen bere kanpalekuan udaberria igaro nezan. Esperientzia ahaztezina izan zen elurretan eta hotzetan bildotsen jaiotza ikustea eta ingelesez ezer gutxi hitz egiten zuten euskaldunekin bizitzea. Eurekin egun batzuk igarota, hizkuntzaren gaineko nire ezagutza esponentzialki hazten joan zen. Eta ostatu hartzen ari nintzen etxekoen laguntzarekin, orain nire lagunak zirenen laguntzarekin, hizkuntza dezente ezagutzen nuen. Hizkuntza ezagututa sartu nintzen Arrien jatetxera, nire hamabost urteko semearekin batera, 1971ko irailaren 13an; astelehena zen.

Gizon batek hartu ninduen. Eta gero jakin nuen Agustin zuela izena. Segituan azaldu nion gu biontzako logela bat behar nuela eta maiztasunez han jan nahi nuela. Nolanahi ere, nire hitzek ez zuten ezertarako balio izan. Beranduago jakin nuen Francoren ejertzitoko ofizial izan zela eta ondoren ezkondu zela jabearen arrebarekin. Alabaina, Agustinek segituan egin zion keinua zerbitzari enkargatuari, Miren deitzen zenari; dena ulertu zuen eskatutakoa berriz errepikatu nionean. Lehenengo jan genezala esan zigun eta gero arduratuko zela bera edo besteren bat gu logelara eramateaz. Ekipajea mostradorearen atzean utzi genuen eta mahaira joan ginen bere atzetik.

Azoka eguna zenez herrian, jatetxea baserritarrez beterik zegoen: guztiak txapela beltzarekin zeuden, altu hitz egiten eta tenedore eta labainarekin imintzioak egiten. Hala ere, euren ondotik pasatzean, isiltasun arraroa antzematen nuen. Dudarik gabe, bazekiten euskaraz hitz egiten zuen *ulegorri* bat euren taldera batuko zela.

Isiltasunak gure ondoan ez zuen askorik iraun. Gure mahaitik gertu zegoen baserritar batek bolada baten modura bota zidan euskaraz galdera, niretzako ulertezina zena. Nire txundidura aurpegia ikusita gazteleraz egin zidan galdera. Oraingoan, erantzun egin nion. Euskaraz esan nion: "Ez dakit gazteleraz hitz egiten, euskara pixka bat baino ez dakit".

Gizonak txapela kendu eta txapelarekin mahaian kolpea eman zuen. Mahaian zeuden gizonak barre algaraka ari ziren eta ukabilkadak jotzen zituzten mahaian. Ikuskizun handia ematen ari ginen eta jatetxeko alde hartan guztiak guri begira ari ziren eta eztabaidan, seguru aski gure nazionalitateari buruz.

Janaria ekarri ziguten eta gorri-gorri eginda jaten hasi ginen. Segituan, edadeko gizon euskaldun bat mahaira hurbildu zitzaigun. "Zuok amerikanuak zarete?", galdetu zigun ingeles perfektu batekin.

Baietz esan genion.

"Zure aita euskalduna al da?", galdetu zuen. Lehen aldiz egin zidaten galdera hori erantzun egin nuen, gerora ehunka aldiz egingo zidatena eta erantzungo nuena.

"Ez", erantzun nuen adeitasunez.

"Zure ama euskalduna al da?", galdetu zuen.

"Ez, bietako inor ez da euskalduna", erantzun nuen.

"Zure aitona edo amona?", galdetu zuen esperantzaz.

Irribarre egin nuen. "Ez, euretariko inor ez zen euskalduna. Uste dut ingelesak edo irlandarrak zirela, batez ere", erantzun nuen.

"Orduan, nola ikasi duzu euskaraz berba egiten?", galdetu zidan harrituta. Inguruetako mahaietako gizonak azaltzen ari nintzena ulertzeko ahaleginetan zebiltzan; ingelesez eta euskaraz ari nintzen, euskaraz nekien apurra nola ikasi nuen azaltzen eta hilabete batzuez Gernikan biziko ginela kontatzen, idaztera nindoan liburu baterako jubilatutako artzainen aurrekariak jasotzeko. Hori zen egia estaltzeko nire azalpena. Edadeko gizon euskaldun hark proposamena onartu egin zuen eta bere laguntza eskaini zidan; urte askoz Ameriketan artzain egona zela kontatu zidan.

Udazkeneko urriko egunak zoragarriak izan ziren. Gainera, egun aintzagarriak izan ziren ikerketarako. Landa gunean ehun urtetik gorako baserriak ikusi nituen eta bakoitzak bere etxe zuri pintoreskoa zuen, piper gorriekin egindako txirikordez apaindurik; eguzkitan lehortzen ari ziren. Era guztietako lehiaketak ikusi nituen: jai-alaiko jolas sofistikatu eta arina, antzinako demen interpretazioa (oihuen laguntzaz eta animoz harri handiak arrastatzen zituzten idiekin egindakoa) eta langileen eta baserritarren apustu gogorrak. Handik gertu zegoen olatu urdinez beteriko Bizkaiko Golkotik hartutako molusku, arrain eta krustazeoak janez disfrutatzen genuen jatetxeetan; bikoterik gabeko edozein bidaiarik izaten dituen egun tristeetarako erakargarriak ziren jakiak.

Urrian ikasi nuen ardoa edaten ere. Lehenengo lezioak nahiko errazak izan ziren. Ordu batetan, fabrikak eta negozioak zarratu ostean, gizon talde batek tabernetan zehar egiten duten ordubeteko desfilera gonbidatu ninduen. Ardo zurizko txikito bat hartzen genuen taberna bakoitzean eta taldeko gizonok, bakoitzean batek, ordaintzen genuen; hiru pezeta balio zuen txikito bakoitzak. Zazpietan, behin laneko jarduna amaituta, zikloa errepikatzen zen. Hala ere, bi berezitasun zituen: ardo beltza da gauean animoa altxatzen duena eta tabernaz tabernako desfileak bi ordu irauten ditu; eguerdikoarekin alderatuta, gauean desfile bikoitza egiten da.

Bigarren tragedia: epilogo pertsonala

Euskaraz gero eta errazago moldatzen nintzen eta hori zen garrantzitsuena. Poltsikoan neramatzan bi koadernotxoetan apuntatzen nituen sistematikoki taberna, kale edota jatetxeetan ikasten nituen berba eta esapideak; nire lagun berriak txantxaka aritzen zitzaizkidan. Jende askok "garbi" hitz egin behar nuela esaten zidan eta ez nituela erabili behar gaztelerazko hitzak, Gernikako euskalkian sartuta zeudenak. Adibidez, ezagutzen ez nuen ondo jantzitako batekin (gero jakin nuen oftalmologo garrantzitsuenetariko bat zela) zera gertatu zitzaidan, Arrien hoteleko terrazan nengoen mahaira hurbildu zitzaidanean. "Zer ari zara hartzen?", galdetu zidan umorea aguantatzen.

"Kafia solo", erantzun nion adeitasunez. Horrela ikasi nuen kafe hutsa deskribatzen.

"Ez, ez, ez", esan zuen, "hori ez da "kafia solo", hori "akaita utsa" da". Gero, hamar edo hamabost minutu inguru hartu zituen, lagunek itxaroten zioten bitartean, eta esan zidan euskaraz kafea esateko benetako hitza "akaita" dela eta "utsa", euskaraz hutsa edo bete gabea, esne eta azukrerik gabeko kafea deskribatzeko erabiltzen dela.

Urria joan zen eta berekin batera egun garbi eta politak. Azaroan euriteak izan genituen, sekula ikusi ez nituen modukoak, eta baita hotza ere, jertseek eta kalefakzioek askorik leuntzen ez zutena. Hala ere, Gernikako jendearen berotasunak eguraldi aldaketa hura konpentsatu egiten zuen.

Seguru nago ez genuela bizi izan, egun bakar bat bera ere, atsegin berezi eta eskuzabaltasun gabekorik; ongietorriak eta onartuak sentiarazten ginen. Jatetxeetan etxeko ardoa eskatzen genuenean, gure eskaria baztertu egiten zuten, norbaitek, ezagutzen ez genuenak, Rioja berezia eskatzen zuelako guretzat. Tabernetan, urdinez jantzitako langileek, fabriketan soldata txikia irabazi ostean, ez zidaten uzten edarien erronda bat ordaintzen. Nire semeak listu guruinak handituta izan zituen, baina aztertu eta tratamendua errezetatu zion medikuak ez zidan kobratu. Eskuko diru gabe gelditzen nengoen eta banku bateko zuzendariak mila dolarreko txeke pertsonala aldatu zidan inolako galderarik egin gabe. Afalosteko nire brandya, eskuzabalki zerbitzatutakoa, berotutako kopan ateratzen zidaten. Arazo txikiena izanda ere arretaz errebisatzen zuten mekanikoek nire autoa. Semearekin zegoen ezkongabea nintzelako sumoz eta errezeloz begiratzen zidaten emakumeek ere irribarre egin eta agurtu egiten ninduten kaleetan, dibortziatuta nengoela jakinik ere; deboziozko euren begi katolikoentzako lepra izatearen pareko desgrazia zen hori.

Asteak azkar zihoazen, baina behin ere ez nuen entzun inor bonbaketaz hitz egiten. 1970eko udan bonbaketari buruz galdetu nion tabernariak, oraindik, formaltasunez tratatzen ninduen, lagunekin egunero joaten banintzen ere bere tabernara. Uste dut bera zela ni Gernikan egotearen benetako arrazoiaren egia susmatzen zuen bakarra. Berak egunero gogorarazten zidan hizkuntza lantzeko egiten ari nintzen esfortzuan ahalegindu behar nuela; garrantzitsua zen esfortzu hori jendearen konfiantza irabazteko eta denbora batez barruko pentsamendua kontsumitzen ari zitzaidan gaiaz ahanzteko.

Argi ikusten zen jendeak beldur handia zuela politikaz eztabaidatzeko. Kanpotar batek ere sentitzen zuen kaleetatik patruilatzen binaka eta beranduago hirunaka zihoazen guardia zibil bikoteek eragiten zuten hotzikara. Hala ere, kotxe itxietan edota etxe pribatuetan hasi nintzen jendearen beldur horiek ezagutzen eta deskubritzen. Bizi izan zituzten historia lazgarriak ezagutu nituen: tirokatu zituzten anaiena, jipoia jaso zuten semeena, espetxeetako konfinatze eta torturena eta hogeita hamar urtez, okupazioak iraun zuen denboran, euskara suntsitzeko Falangearen obsesio patologikoaren istorioak. Falangea Espainiako gobernua babesten zuen alderdi politikoa zen. Geroago, ohar gehiago jaso nituen. "Ongi hartua izaten jarraituko duzu eta ez duzu arazorik izango politika albo batera utziz gero", esaten zidaten. Eta, beharbada, gai politikoez erakusten nuen interesagatik, salatariez ohartarazi ninduten; poliziak ordaindutako pertsonak ziren eta edozein tabernetan egon zitezkeen. Gero, jakinarazi zidaten taxietan politikaz ez hitz egiteko. Taxien lizentzia Francoren erregimenaren aldekoei ematen zitzaiela esaten zen eta, mesedea eskertzeko trukean, eta taxilariek baliagarria izan zitekeen edozein informazio ematen ziotela isileko poliziakideei. Abisu horiek ez nituen behin edo bitan entzun. Behin eta berriz ari zitzaizkidan abisuak iristen eta ez bakarrik gertuko lagunengatik, baita gomendio hori eman behar zidatela sentitzen zuten ezezagunengatik ere; ezezagun horiek nitaz fidatzen zirelako hitz egin zidaten zintzotasunez.

Ez nintzen sekulako antsietate pertsonala sentitzen ari bonbaketari buruzko galderarik ez egiteagatik. Azaroko hilabete guztian eta abenduko lehenengo asteetan apolitikoak ziren ekitaldietara gonbidatu ninduten: afarietara eta kantuz eta dantzaz lagunduriko jai pribatuetara, musika modernoz girotutako diskoteketara nekaezinak eta paregabeak ziren euskal emakumeekin gau osoan dantzan aritzeko eta, ezkongabeak ziren emakumeekin osatutako taldeetan, Euskal Herriko probintzia guztietan zehar, jatetxe eta herriak bisitatuz antolaturiko txangoetara. Hala eta guztiz ere, gaiaz ez nengoen ahaztuta eta arratsalde asko pasatu nituen Gernikatik zehar oinez, azoka eguna izan zen 1937ko

Bigarren tragedia: epilogo pertsonala

astelehen hartan gertatu zenaz pentsatzen eta egunen batean jakin ahal izango ote nuen pentsatuz meditatzen.

Martxora arte ez nuen aurrerapausorik egin. Joe Cenarrusak bere emazte ederra, Jean, eztei-bidaian Gernikara ekarri zuenean izan zen hori. Maitemindutako bikote honekin Euskal Herria zeharkatuz egin nuen bidaian gure lagun Jon Oñatibia bisitatu genuen; 1970ean gure maisua izan zen Nevadako Unibertsitatean. Oñatibia euskal hizkuntzan idatzirik autorizatuta zegoen lehenengo liburuetariko baten egilea zen eta nik Eusko Alderdi Jeltzalekoa, EAJkoa, zela susmatzen nuen; Hegoaldeko erakunde politiko klandestinoa, baina, Parisen egoitza izanda, erbesteko euskal gobernua mantentzen zuen erakundea. Donostiako jatetxe batean afaldu genuen Jonekin eta akeita "ta txolo" tradizionala hartzen genuen bitartean Jonek serioki begiratu zidan eta esan zidan: "Egurtxiki, hemen benetan zer egin nahi duzun jakin nahi dut".

Beregan konfiantza osoa nuenez, segituan erantzun nion: "1937ko apirilaren 26an Gernikan benetan gertatu zena jakin nahi dut. Bonbaketatik bizirik atera zirenak topatu nahi ditut eta elkarrizketak egin".

Jon serio jarri zen eta denbora batez pentsatzen aritu zen. Gero, zera esan zuen: "Bildu zaitez nirekin datorren asteko asteazkenean, hamabietan, Bilboko Arriaga Antzokian". Eta horrelaxe izan zen. Ez zuen ezer gehiago esan gaiari buruz.

Bilboko zitara goiz heldu nintzen. Arriaga Antzokiaren aurrean handik pasatzen zen jendetzari begira aritu nintzen eta, justu, erortzen ari zen zirimiria euri-jasa bihurtu zenean heldu zen Jon. Elkarri begiratu genion, soilik, eta kale ilun eta estuek osatzen zuten labirintotik jarraitu nion, hiriko alde zaharrean. Azkenik, geldittu egin ginen eta azalpen gehiagorik eman gabe eliza aurrean itxaroteko esan zidan. Bera bizikleta denda batera sartu zen, gizon batekin egotera. Buruzagi klandestino garrantzitsuren bat izango zela suposatu nuen.

Jon hogei minutu igaro ondoren etorri zen. "Badirudi dena ondo joango dela", esan zuen. Gero, esan zidan euskal nazionalista garrantzitsu bat ni ikustera etorri zela.

Ez nengoen prest bizikleta dendatik aterako zen gizonarekin egoteko. Lasaitasun osoz hurbildu zitzaidan. Euskaraz, ahal bezain hobekien, agurtu nuen eta uste dut harritu edo gustatu egingo zitzaiola. Destainaz erantzun zidan, esanez: "Hitz egin iezadazu ingelesez!".

Oñatibiak gatazka posible hura antzeman zuenean alde egin zuen eta bi gizonak euskara puru eta jariotsuan hitz egiten ari ziren, inoiz baserritarrei eta Gernikako jendeari entzun gabeko euskaran. Gizona arretaz aztertu nuen. Ez nuen bere izena memorizatu Jonek presentatu zidanean. Euskal ezaugarri klasikoak zituen, baina bere sudurra, hertz bizikoa eta hezurtsua, nabarmenagoa zela antzematen zen bere aurpegi betazpitsu eta zurbilagatik. Abaildutako gudari desafiatzailearen itxura zuen gizonak. Eta beranduago deskubritu nuen hala zela.

Juanito zen klandestinitateko lider haren ezizena. Bi orduko bazkari baten eta brandy batzuen ostean jakin nuen. Era berean, jakin nuen bizikleta denda hartako arduraduna izateaz gain, euskarazko *Agur* astekariko sortzailea eta editorea ere bazela. Gizon hura Loiola Batailoiko komandantea izan zen gerra garaian eta bost urte eta erdiz espetxean egon zen; lehenengo heriotza zigorrera kondenatu zuten, baina gero zigorra ordeztu zioten. Hegoaldeko nazionalisten liderra zela jakin nuen beranduago. Jatetxetik atera ginenean, bere izen benetakoa jartzen zuen txartel bat eman zidan: Juan de Beiztegi. Eta esan zidan: "Datorren asteazkenean, ordu batean, itxaron iezadazu gaur Jonek ekarri zaituen tokian". Orduan ikusi nuen iritsi zitzaidan afektuzko bere lehenengo keinua. Euskaraz agurtu zen, esanez: "Agur, hurrengoa arte".

Gernikara itzuli nintzenean, euskarazko irakasle on bat topatzen hasi nintzen. Hori da egin nuen lehenengo gauza. Hurrengo gauerako aurkitu zidaten: Maria Angeles Basabe. Ohiz kanpoko emakumea zen. Ez zekien ingelesez, baina inolako ordainsaririk onartu gabe astean hiru gauez euskarazko klaseak eman zizkidan hurrengo hilabeteetan.

Ez nuen arrakastarik izan Beiztegirekin izan nituen hurrengo bi bileretan. Bere iragana ezagutu nuen: bere aitak eta aitonak arma fabrika zabaldu zutela Eibarren Lehenen Mundu Gerra garaian eta Ingalaterrara bidali zutela Bigarren Mailako ikasketak egitera, handik itzultzean euren produktuen salmenta internazionalaz arduratzeko. Modu berean, jakin nuen gerra zibil garaian fabrika itxi egin zutela eta beranduago bizikletak egiten hasita Beiztegui Hermanos markarekin (BH) zabaldu zutela berriz fabrika; estatuan gehien saltzen zuen bizikleta marka. Alabaina, Gernikan eman nituen aurrerapausoak. Gizon bazkari batean Jose Antonio Arana aurkeztu zidaten eta klandestinitatean abokatu lanetan modu aktiboan ibili zen gizon hura, bide desberdinak irekiz, laguntza ematen hasi zitzaidan. Andra Mari elizako kanpandorrera eraman ninduen, hegazkinak zetozela iragartzen zituzten kanpaiak nola jotzen ziren erakustera. Gernika zeharkatu nuen berarekin eta babeslekuak eta bonbaketaren arrastoak non zeuden adierazi zidan. Udaletxera sartu eta bonbaketa aurreko Gernikako mapa lortu zuen. Hori izan zen hoberena. 8,5 x 11 bulkadako neurriko folio batzuetan fotokopiak atera zituen eta xingola itsasgarriarekin itsatsi. Mapak eraikin bakoitzaren egoera erakusten zuen eta ezinbestekoa izan zen biziraun zutenak elkarrizketatu nituenean. Maparen laguntzarekin bonbaketan egin zituzten mugimenduak jarraitzeko aukera izan zuten.

Jon Beiztegirekin izandako topaketetako batean, nire ikerketa martxan jartzeko behar nuen aukera eman zidan. Bere batailoiak borrokan etsi baino aste batzuk lehenago, beste bigarren batailoi bat zuzentzeko agindu ziotela azaldu zidan, Saseta Batailoia, Donostiako inguruetako boluntarioez osatutako metrailadoreen unitatea zena. Hurrengo igandean, batzar klandestino bat ospatuko zuten Gipuzkoako mendietan eta hara eramango ninduen, batailoiko konpainietako bat Gernikan zegoelako bonbaketaren egunean. Onartu egin nuen, noski. Eta hurrengo igandean batzarra egingo zen antzinako jatetxe batera joan ginen. Bilera soziala zen, batez ere. Gizonezkoek batera borrokatu zuten eta espetxean batera egon ziren. Horietako batzuk exekutatuak izatetik libratu ziren eta horietako asko haurtzaroko eta gaztaroko lagunak ziren. Ni ezezaguna nintzen, noski, eta gisa horretako batzar batera zihoan lehena. Beldur nintzen, onartuko ninduten ala ez pentsatzean.

Esperientzia ahaztezina izan zen bileran egotea. Goiko pisuan nengoen, ehun pertsona baino gehiagoz betetako jangelan. Garaitutako gizonak ziren, baina harro zeuden. Asko eta asko uspelduta zeuden, orbainekin. Batzuk herrenka zebiltzan eta beste batzuk gorputzeko atalen bat falta zuten. Mahaiaren albo guztietatik galderak egiten zizkidaten eta Jonek animatuta harrigarriki, baina euskaraz erantzuten nituen; une batzuetan baino ez zen itzultzaile lanetan aritu. Galdera gehienak erantzuten zailak ziren, bai teknikoki eta baita profesionalki ere. "Ni amerikarra izanda" zergatik borrokatuko nukeen Hitler eta Mussolini bezalako diktadoreak suntsitzeko ari zitzaizkidan galdezka, gero Franco bezalako bati eskua eman eta bere lagun egiteko. Jonek esan zidan gizon horietako batzuk amerikarrekin errematinduta zeudela. Ihes egindako euskal gudariez osatutako batailoi batek Frantzian eta Alemanian aliatuekin borrokatu zuela esan zidan Bigarren Mundu Gerra garaian. Gudari ohi batzuk, egun hartan ezagutuko nituenetako batzuk, suntsituta zeuden aliatuen hegazkinlariei laguntza eman zietela ere esan zidan; Pirinioetako ihesbideko ibilbide klandestinoan izan zen hori. Espioitza lanak ere burutu zituztela adierazi zidan. Espainiako iparraldeko kostaldean hornitzen ari ziren ur-azpiko itsasontzi alemaniarrei buruzko informazioa ematen, hain zuzen ere. Orain, Franco "onartu zuen" bat banintz bezala, erreprimitutako gizon haien mingostasuna heltzen ari zitzaidan eta euren gaitzespenak entzun nituen. Hala ere, azkenik, eztabaida Gernikako gaira itzuli zen eta tonua samintasunetik desesperaziora eta erretasunera pasatu zen. Eta orduan soilik izan nuen "Gernikako bigarren tragediaren" berri. Tristatuta entzun nituen gerrak eta espetxeak errezaildutako gizonek errepikatzen zituzten deklarazio patetiko eta hunkigarriak: "Munduak pentsatzen du guk suntsitu genuela Gernika, baina ez genuen egin... zin egiten dut... Jainkoaren aurrean zin egiten dut guk ez genuela egin... bonbaketari alemaniarrak izan ziren eta nik ikusi egin nituen eta..."

Ikus dezakedanez, Jonek "basura" eta "krimen" berbak euskaraz nola esaten ziren jarri zizkidan nire apunteetan. Hitz horiek erabili nituen eurak akusatu zituen propaganda deskribatzeko. "Estatu espainiarretik kanpo ez du inork ipuin hau sinesten", esan nuen. "Sperrle ere, Kondor Legioko komandantea, bonbaketari buruzko ahoberokeriak esaten aritu da eta Goeringek krimenen erruduna zela onartu zuen Nurembergeko epaiketan. Historia hori zaborra da, zabor hutsa eta estatu espainiarretik kanpo ez du inork sinesten", adierazi nuen. Nolanahi dela ere, ez zidaten sinesten eta, gainontzean, arratsaldea nahasmen bat izan zen: guztiek batera hitz egiten zuten eta guztiak ari ziren bonbaketari alemaniarrei eta bonbaketaren ostean topatu zituzten su bonbei buruzko kontuak kontatzen. Azkenean, Jonen laguntzarekin, bonbaketan Gernikan egon zen gizon batekin elkarrizketa lortu nuen; bere etxean elkarrizketa emateko prest agertu zitzaidan.

Hurrengo zapatuan, gudari ohiaren etxean egon nintzen. Kaxtor Amunarriz deitzen zen. Orain, ezagutzera eman dezakedan izena da, baina garai hartan nik elkarrizketa egin ahal izateko ezizena asmatu behar izan zuen. Harrotasunez egin zuen. Lehenengo, "Roke" izena hartu zuen, Saseta Batailoiko komandante zela hil zen bere anaiaren izena. Abizena "Kaitarra" hartu zuen eta horrek euskaraz portuko kaian disfrutatzen duen pertsona esanahi du; bera Donostiako portuarekin lotura zuen lanen batean aritua zen. Zorionez, bere alabak ingelesez hitz egiten zuen eta han zegoen niri laguntza ematen. Gudari izandako bere aitaginarrebari ere lagundu zion, bonbaketa egunean Gernikan egon zenari. Gero, galderez josi nituen bost orduz eta xehetasun harrigarriz erantzun zizkidaten. Gudariek "gorri" zergatik ez zezaketen izan azaltzen ari ziren eta entzuten ari nintzaien. Gero, nire mapan jauretxeak eta fabrikak non zeuden seinalatu zidaten; gehienak faxistenak ziren, "gorriek" suntsitzen lehenak, baina bonbaketatik libratu zirenak. Xehetasun haien guztien gaineko nire interes falta nabarmenak estimulatu egin zituen. Pazientziaz entzun nien. Alemaniar arranoa eta eztanda egin ez zuten su bonbetan aurkitu zituzten beste marka batzuk marrazten ari ziren eta errespetua zor zioten zenbait pertsonen izenak zenbatzen hasi ziren, alegia, bonbaketaren lekuko izan zirenen izenak zenbatzen; horietariko bat goi-mailako estatuseko apaiz bat, gerora Parisen elkarrizketatu nuena. Interesgarria zen lanaren garapena.

Bigarren tragedia: epilogo pertsonala

Gernikara gizon haiek elkarrizketatzera eta Gernikan gertatu zena jakitera etorri nintzen. Eurak ez zirela Gernika suntsitu zutenak esateagatik bakarrik ados zeuden. Euren arrazoia biziki irrigarria eta patetikoa zen eta eurak puntu horretan hain serio agertuko ez balira, barregarria zirudien kontakizunak. Haatik, Gernikan benetan gertatutakoa deskubritzen lagunduko zidan faktorea izango zen euren arrazoia. "Ondo da", esan nuen. "Benetan munduak egia jakitea nahi baduzue, bonbaketan biziraun zutenak aurkitzen lagundu behar didazue eta, horrela, nik zuen kontakizunak baieztatu ditzaket".

Begiak poztu zitzaizkien eta begiradak elkartrukatu zituzten. Erronka onartu egin zuten. "Etor zaitezte datorren zapatuan hona", esan zuten zehaztasunez.

Franco eta bere propaganda lagungarri egin zitzaizkidan gainontzeko elkarrizketan. Ezustean, hogeita hamabost urtez presioa metatzen egon zen eta eduki zehatzen biltegi zen jendea aurkitu nuen. Gudari ohi horiekin egotea ikerketaren hasiera baino ez zen izan. Euren laguntzarekin beste euren bi lagun elkarrizketatu nituen eta lagun horien beste lagun batzuk ere bai. Kontaktatu nituen guztiei esan nien gutxienez bonbaketatik bizirik atera ziren ehun lagun behar nituela, deskripzioa ondo dokumentatuta egon zedin beharrezkoak zirela lekukotza horiek; gutxi gora behera bonbaketa egunean Gernikan egon zen jendearen ehuneko bat. Eta gudariei hori esateaz gain, Beiztegiri, Gernika inguruko nire kontaktu klandestinoei eta, azkenik, Ramon Sotari esan nien. Ramon Sotaren aitak Guadalcanalen borrokatu zuen amerikar marinekin eta itsasontzi enpresa handi bat sortu zuen. Semea, orain, enpresa hori zuzentzen ari zen eta EAJko liderra zen Iparraldean. Ramon, beranduago, nire gertuko lagun egin zen, baina garai hartan ezkor zegoen. "Ezinezkoa da hainbeste aurkitzea", esan zidan. "Biziraun zutenak mundu osoan zehar barreiatuta daude".

Arrazoi zuen biziraun zutenak dispertsatuta zeudela esatean. Gernikako bonbaketaren unean 3.000 errefuxiatu zeuden herrian. Litekeena zen errefuxiatu talde horiek Gernika ez zen beste tokiren batean egotea. Ia 7.000 ziren herriko bizilagun iraunkorrak eta horietatik biziraun zuten gehiengoak herria utzi behar izan zuen eta euren bizilekua beste toki batean topatu. Hala ere, ikerketaren puntu horretan kontakizunarekin sekulako konpromiso emozionala nuen eta EAJren laguntza jasotzeko erabakia hartu nuen. Ezin nuen ekidin. Eurak herri guztietan zituzten langileak eta biziraun zutenak topatzea askozaz errazagoa izango zen eurentzat. Nire kabuz eginez gero, urteak beharko nituzke topatzen eta ez zitzaizkidan zintzotasunez ariko konfiantzazko euskaldun baten laguntza gabe.

Azkenik, EAJko burukideek Jesus Leizaolarekin, erbesteko Euskal Gobernuko Lehendakariarekin, topaketa bat egitea akordatu zuten; erbesteko Euskal Gobernuaren egoitza Parisen zegoen. Trenez joan nintzen Parisera eta Bastilla eguneko goiza Leizaolarekin igaro nuen. Gizon inteligentea zen, adeitsua eta gertukoa. Arratsaldea eta biharamun goiza Saseta Batailoiko gudari batekin pasatu nituen, Faustino Pastorrekin, ezinenez "Basurde"; Leizaolaren lan-taldeko kidea zen. Elkarrizketa haietan esan zidan bera eta beste bi gudari izan zirela bonbaketarien aurka egiteko tirokatzeko prest zegoen metrailadore bakarraren arduradunak. Bonbaketaren gauean eta hurrengo egunean, hainbat argazki atera zituzten herriko erdigunean eta gertatutakoa argitzeko helburuz edozein modutan erabil nitzakeela esanez eman egin zizkidan.

Beranduago, Paristik itzuli nintzenean, Euskal Herri osoko EAJko kideei eman zieten agindua, alegia, elkarrizketa zitezkeen bonbaketaren lekukoak topatzen laguntzekoa. Orduan hasi nintzen bide bihurgunetsu haietatik herrixka eta herrietara joaten. Ahal nuen azkarren egiten nuen bidea, beti hitzartutako ordurako iristeko. Horrela, bada, posible zenetan interprete baten laguntzarekin eta bestela neuk bakarrik, 1937ko apirileko egun tragiko hartan biziraun zutenen kontakizun lazgarriak entzuten eta apuntatzen nituen. Gainera, nik espero nuen modura, elkarrizketatzen nuen pertsona bakoitzak bizirik atera zen pertsona bat edo gehiago ezagutzen zuen eta aurrez egindako aurkezpen batekin elkarrizketatzea lortzen nituen.

Ezagutzen nindoan euskaldun gehienentzako euren herria okupatutako lurra zen; Frantziak okupatzen zuen iparraldean eta Espainiak hegoaldean. Estatu frantziarreko euskaldunek herrialde demokratiko bateko askatasun guztiez goza zezaketen eta ez ziren estatu espainiarreko euren anaiak bezain besteko militanteak. Espainian asaldatuta zeuden era honetako deklarazioekin: "Frankismoa betierekoa izango da Jainkoak hala nahi duelako". Horrela, gero eta aktibista klandestino gehiagorekin egin nuen topo: Francoren gobernua lotsagarri uzteko eta Gernikan gertatutako egia kontatzeko prest zeuden. Batetik, horrelako loturak izategatik eta, bestetik, Espainiako polizia sekretuaren etengabeko informazio ankerra eta nonahikoagatik, bi bizitza paralelo neramatzan. Alde batetik, isilpeko bizitza: herritik herrira korrika ibiliz, beldurtutako gizonak eta emakume negartiak elkarrizketatzen nituen, giro klandestino batean. Beste aldetik, Gernikan, ardoaz, jaiez, dantzaz eta jubilatutako artzainez baino interesatzen ez zen *ulegorria* nintzen. Neurri handi batean, bigarren bizitza zailagoa zen; nire tabernako lagunek eta beste lagun batzuek baino ez zuten ezagutzen azken

Bigarren tragedia: epilogo pertsonala

hilabeteetan Gernikan nengoela izandako jarrera korapilatsu eta betazpitsua. Etengabe nengoen lagun horiegatik kezkatuta. Ez ditut arrazoiak eman nahi, baina ia seguru nengoen polizia sekretuak bazekiela zertan ari nintzen. Eta lagun horiek nirekin zuten loturagatik inplikatuko ote zituzten beldur nintzen. Espainiako burokrazia ofiziala, erregimeneko jarraitzaileek zuzentzen zutena, hondar higikorren tokia zen: pertsona bat "arazodun" kontsideratzean, bere pasaporte eskariak indarra galtzen zuen edota galdu egiten zen. Beldur nintzen, nire lagunak horrela kalifikatuko ote zituzten.

Uztaila iritsi zen eta denbora agortzen ari zitzaidan. Nire Euskadiko kontaktu guztiak biziraun zutenak aurkitzeko lanetan zebiltzan eta nire poltsikoak aurkezpen eta bisita txartelez gainezka nituen; elkarrizketak eskaini zizkidatenenak ziren. Noizbait, nire euskarazko irakaslea eraman nuen nirekin, Maria Angeles Basabe; "Aingerua" zen bere hitz gakoa. Berak ez zuen ingelesez hitz egiten, baina euskara errazean itzuli zizkidan urduri zegoen lekuko baten elkarrizketak. Urduri eta azkar hitz egiten zuen eta nik ulertzeko euskarara itzuli zizkidan. "Aingerua" elkarrizketekin jarraitzeko pertsona egokiena zen. Inteligentea eta zorrotza zen eta, nik esan gabe ere, kontziente zen zehaztasunaren garrantziaz: Gernikako tragedia ezkutatu dutenak kontakizun hauek arretaz ikertuko zituzten, erroreak bilatuta ospea gal zezaten. Gainera, euskalduna zenez, errazagoa zen berarentzat lekukoren batek kontakizuna distortsionatzen bazuen jakitea: derrigortutako isiltasuna aguantatzearen aguantatzeaz suminduta, tragedia areagotu eta, ondorioz, espainiarrak zirenak baino gaiztoago egiten bazituen lekukoren batek.

Planifikatuta neukan modura, abuztuko lehen asteko azken egunetako baten joan nintzen Gernikatik, bonbaketan biziraun zuten hirurogei pertsona topatu eta elkarrizketatu ostean. "Aingeruak" elkarrizketak egiten jarraitzeko konpromisoa hartu zuen. Nik beste hamarren izenak eta beharrezko informazioa eman nizkion, eurekin harremanetan jarri eta guztira hirurogeita hamar kontakizun lortzeko. Gainera, biziraun zuten beste bosten izenak lortu nituen, Estatu Batuetan bizi zirenenak. Eta banekien gutxienez hirurogeita hamabost kontakizun izango nituela tragedia egunaren berreraikitzea egiteko.

"Aingerua" ikertzaile bikaina izan zen. Ni etxera itzuli ondorengo bederatzi hilabeteetan eta New Yorken, Kalifornian, Nevadan eta Idahon bizi ziren lekukoekin kontaktatu ostean, beste sei kontakizun gehitu nituen. Lagun batek bonbaketatik bizirik atera zen bat elkarrizketatu zuen, Caracasen bizi zena, Venezuelan. Horrela, hirurogeita hamazazpi ziren. Bederatzi hilabete horietan, "Aingeruak" berrogeita bi lekuko gehiago topatu eta elkarrizketatu zituen eta kontakizunak bidali egin zizkidan. Mirarizko egitandia iruditzen zait! Nire lagun euskal amerikanu Juan Jose Mintegik ingelesera itzuli zituen; garai hartan, berak, Gernikan egiten zuen lan. Guztira, 129 elkarrizketa egitea lortu genuen.

Hurrengo udan, 1973an, Gernikara itzuli nintzen. Neurri batean, Aingeruak jasotako kontakizunen xehetasunak frogatzeko, baina baita Kastor Uriarte moduko pertsonen laguntza jasotzeko ere. Kastor Uriarte bonbaketa garaian herriko arkitektoa zen eta Gernikan bonbatuak izan ziren eraikinak argazkietan seinala eta marka ziezazkidan nahi nuen.

Hala ere, epilogo honetako gaiarekin lotuta, 1973ko urtarrilean gertatu zitzaidana askoz esanguratsuagoa izan zen. Eskuidatziaren lehenengo kapitulua bukatzen nengoen, justu lagun on baten deia jaso nuenean. 1970eko udan Euskadin ezagutu nuen neska gazte bat zen eta, orain, Idahon aukeratu berri genuen kongresuko langilea zen. "Ikusi al duzu 1973ko urtarrilaren 5eko National Review?", galdetu zidan.

"Ez", erantzun nuen.

"Orduan, hobe zenuke kopia bat lortuko bazenu. Uste dut, irakurtzen duzunean asko haserretuko zarela", esan zidan.

Ezin nuen sinetsi, artikulua ikusi eta sarrera eta titulua irakurri nituenean:

1972: Estatu Batuek Ipar Vietnamgo dikeak bonbatu zituzten.
1951: Koreako guda bakteriologikoa
1937: Hegazkin naziek Gernika arrasatu zuten.
Zer dute historia hauek guztiek komunean?
    1. Ez ziren inoiz gertatu.
    2. Komunistei lagundu zieten Gernikako Fraude Handian.
Jeffrey Hart.

Burmuinean deskarga elektrikoa jaso izan banu bezala sentitu nintzen, egilea Dartmoutheko Unibertsitateko irakaslea zela ikusi nuenean. Zer jakin zezakeen berak Gernikari buruz? Hori galdetu nion neure buruari. Biziraun zutenak ez nituen inoiz bere izena esaten entzun, baina irakurtzen jarraitu nuen.

Artikuluaren lehenengo parteak terrorezko bonbaketaren kontakizuna laburtzen zuen, Hugh Thomasen *La guerra civil española* laneko 51. kapituluan argitaratuta dagoen modu berean. Alabaina, kontakizun honen amaieran Hartek zera dio: "... asmakuntza da.

Bigarren tragedia: epilogo pertsonala

Ustezko terrorezko bonbaketa gertatu gabeko gertakaria da, buruberoki idatzitako historiografiaren ondorioa".

Hartek jarraitzen zuen: "Beste edozer baino lehen, Gernika ez zen bakarrik "herri txikia", Bilboko defentsa sistemako parte zen. Inguruetan, munizioa eta morteroak ekoizten zituzten fabrikak zeuden. Gainera, leku estrategiko bat zen, han batzen direlako zortzi errepide. Bereizketaren egoitza zen eta trenbide bat zuen. Kanpainak iraun zuen bitartean, frontera bidean zihoazen taldeentzako puntu esanguratsua izan zen. Kontua da helburu hauek ez zeudela herrian bertan eta *eurak* (Hartek kurtsibaz jartzen du) etengabe bonbatu bazituzten ere, herria, zehazki, ez zuten bonbatu".

Ikerketa egiten nenbilela jakin nuen zergatik ez nuen "Hart Maisu" bati buruz berririk izan. Mr. Hart berriki kaleratutako liburu batean oinarritu zen artikulua idazteko, hain zuzen ere Luis Bolín kazetari espainiarrak idatzitako *España: los años críticos* liburuan. Hori jakiteak nire haserrealdia baretzen lagundu zuen. Denbora batez eta sinestezintasun komikoz irakurtzen jarraitu nuen; nik elkarrizketatutako lekukoak oinazetzen zituen kontakizun oso bat aurkitu nuen eta baita nik irrigarri utzi nuen historia ere, estatu espainiarretik kanpo ezagutzen ez zela baieztatu nuena. Bonbaketa ostean Gernika inguruko zonaldean zeuden Francoren bandoko komandanteek bidalitako ustezko informeetako zitak bereziki interesgarriak ziren. Horietako bi ziren honakoak:

"Gure gizonak herrian sartzeko irrikaz zeuden. Bazekiten etsaia Gernikatik ebakuatuta zegoela, herria kriminalki suntsitu eta errureduntzat gure hegazkinak jo eta gero, baina Gernikak *ez ditu bonben kraterrak*". (Hartek kurtsibaz idatzia).

"Gure lerroetara batu ziren euskal iheslariak Gernika bezalako herrietan burututako tragediengatik ikaratuta zeuden. Erre eta suntsitu egin zuten, gu asko jota hamar miliara geundenean... gure hegazkinek azken egunetan ezin izan zuten hegan egin, behe-lainoa eta etengabeko zirimiria zeudelako".

Artikulua irakurri eta gero ezin izan nuen aguantatu eta artikuluaz informatu ninduen gazteari deitu nion. Umore onez nengoen eta testu harrigarri horri buruz informatzeagatik eskerrak eman nizkion. Eta adierazi nion haserretuta beharrean harrituta nengoela hogeita hamabost urte beranduago, oraindik, propaganda irrigarri hori indarrean egoteagatik.

Ez zait ahaztuko gaztearen erantzuna. Asteetan obsesionatuta egon nintzen. Leunki, baina erabakitasunezko ahotsez zera esan zidan:

"Beno, nik arretaz irakurri dut artikulua eta logikoa iruditzen zait. Historian zerbait egiazkoa egon liteke, badakizu?".

Durduzatuta gelditu nintzen. Gazte inteligentea zen, Kaliforniako Hegoaldeko Unibertsitatean ohorez graduatua eta harreman internazionaletan titulatua. Berak bazekien Gernikan bizi izan nintzela, bonbaketaz ikerketa egin nuela eta tragedia bizi izan nuela, berriz, beste mila aldiz. Hala ere, arrazoiren bat tarteko, ez neukan berekin eztabaidan aritzeko gogorik. Barruan zerbait aldatua nuen. Apaltasunez, zenbait esker on elkartrukatu ostean, telefonoa eskegi nuen.

Nire idazmahaira itzuli nintzen. Apuntez beteriko paperez inguratuta nengoen eta nik elkarrizketatu nuen Gernikako erizainetako baten kontakizuna idazteko makinan nuen. Emakume honek bonbaketa eguneko goiza nola bizi zuen kontatzen zebilela adierazten zituen tristura eta emozioa hitzez azaltzen ahalegintzen egon nintzen. Bera Karmele Deuna ospitalean zegoen zaurituak ekartzen zituzten bitartean; zaurituetako batzuk Gernika ekialdeko baserri eta auzoetako bere lagunak ziren. Oroitzapen horiek oso gogorrak ziren berarentzat eta, nire galderen erantzuna emateko asmoz, zenbat eta sakonago sartzen zen bere memorian, orduan eta nahastuago sentitzen zen. Momentu batez, elkarrizketa amaitutzat ematera joan nintzen bere larritasuna ikusita, baina emakumeak, ezetz esan zuen; umila eta isila zen bera. "Benetako gezurrak", nik orain espainiar propagandari deitzen diodan modura, eragina izan zuen beregan eta minak, jada, ez zion axola. "Benetako gezurra" anestesia eta katartikoa zen aldi berean. Begi dirdiratsuekin eta adorez bere kontakizuna amaitzea erabaki zuen.

Hala eta guztiz ere, orain, "benetako gezurra" nigan eragina izaten ari zen. Ikerketa hasi nuen unetik baztertu nuen ideia hau: Gernikan gertatu zena "demostratu" behar dut. Biziraun zutenei seriotasunez ari nintzaien hizketan estatu espainiarretik kanpo kontu hura inork ez zuela sinetsiko ziurtatzean. Orain, gertakari saihestezin batekin egin nuen topo: "benetako gezurraren" birusak indarra hartu zuen eta jende berriarengana hedatu zen. Darmoutheko Unibertsitate bereizgarriko irakasle batek kontakizuna sinetsi egin zuen. Konfiantzazko lagun bati, ibilbide akademiko bereizgarria zuenari, kontua sinesgarria egiten zitzaion. Minez hasi nintzen kontuan hartzen "Gernikako iruzur handia" irakurriko zuten milaka pertsonen irudikortasuna. (Orduan nik ez nekien *Washington Post* eta *Saturday Review World* "iruzurrari" buruz artikuluak kaleratzera zihoazenik; horrek kontakizuna ehunka mila pertsonetara hedatuko zuen).

Bigarren tragedia: epilogo pertsonala

Sarri askotan ahalegindu naiz nire burmuinetik "benetako gezurra" apartatzen. Alabaina, hipnotiko bat bezala ari zen funtzionatzen. Ezin nuen idazten jarraitu. Errefuxiatuekin pentsatzen ari nintzen. Sebastian Uria hondakinetan harrapatuta ari nintzen ikusten, bularra zapalduta eta ezkerreko besoa gorputzetik arrankatuta zuela. Patxolo Rezabal ikusten nuen, besoa tendoietatik zintzilik zuela besoa sorbaldarantz botatzen eta hemorragia gelditzeko zerbait topatzeko ahaleginetan. Biziraun zuten hauek guztiek pasioz kontatu zizkioten euren kontakizunak ezezagun bati, "benetako gezurra" borratu nahi zutelako eta nik lor nezakeela sinesten zutelako. Orain, hemen nengoen ni. Biologiako testu-liburuen idazlea eta historialari gisa kredentzialik ez zuena. Eta bitartean errespetua zor zitzaion ospe handiko unibertsitate amerikar bateko historialari batek "benetako gezurra" komunikabideen bidez, eskala handian, igorri zuen eta batek daki zenbat editoriali eta erredaktoreri hedatu zien mezua, birusa bezala kontagiatuta. Noizbait sinetsiko zituzten tragedia lazgarri hartatik bizirik atera zirenen kontakizunak? Orduan, galdera hori neure buruari egiten nion eta banekien jarraitu egin behar nuela. Obsesionatua nengoen. Nik euren kontakizunak bukatu egingo nituen. 1937ko apirilaren 26an gertatu zenari buruzko egia kontatzeko baimena emango nien. Eta, ez, beharbada ez zen eskuidatzi hau garai batean argitaratuko, beharbada ez ni bizirik nengoen bitartean, baina egunen batean... Egunen batean mundu guztiak irakurri ahal izango lituzke kontakizun hauek eta emozioz esperimentatu Picassok bere mihisean adierazi nahi izan zuen izugarrikeria.

Elkarrizketatutako lekukoak eta biziraun zutenak

Eranskin honetan, 1972-73 bitartean elkarrizketatutako lekukoak sartu ditugu; 129tik 119, zoritxarrez ez direlako jasotako lekukotza original guztiak kontserbatu. Lekukoekin eta biziraun zutenekin izandako elkarrizketa gehienak Euskal Herrian egin ziren, Francoren poliziapeko estatuaren mende zegoen garaian. Ondorioz, elkarrizketatutako pertsonei euren izenak ez zirela argitaratuko hitzeman zitzaien, poliziak euren lekukotzen kopiak konfiskatuz gero. Hori ziurtatzeko ezizenak eskatu zitzaizkien eta elkarrizketa burutu ahal izateko gakozko izen bezala funtziona zezaten. Kasu gehienetan, esperientzia dibertigarria izan zen, parte hartzaileak txantxaz eta barrez ari zirelako erabiltzea gustatuko litzaiekeen izenak haztatzen. Gero, udako bisitetan eta 1984-85 urte bitartean, Euskadin beste gai batzuk ikertzen nenbilela eta Francoren diktadurarik ez zegoenean, pertsona hauen guztien izen errealak ikertzen ahalegindu nintzen; neurri batean baino ez zen ahalegina arrakastatsua izan. Horregatik, zoritxarrez, izenen atzean pseudonimoa esanahi duen "P" jarrita duten hogeita hamahiru pertsonen izen erreala betirako anonimotasunean mantenduko da.

Abascal, Maria
Atxabal, Angeles
Agirre, Pedro
Agirre, Miren
Aitita, Jon–P
Ajangiz, Egoiliarra
Alaia, Karmen–P
Alberdi, Miren
Aldatzean–P
Aldatzgana, Donato
Alkorta, Xabier
Amunarriz, Kaxtor
Andranebea, Felipe–P
Apraiz, Iñaki

Apraiz, Natividad
Apraiz, Sabin
Arriaga, Francisca
Arrien, Juanito
Arrieta, Jose–P
Artetxe, Aurelio
Asla, Iraultza–P
Asla, Pedro–P
Azaola, Julio
Azurmendi, Santos
Badiola, Elizabet
Baltza, Rafaela–P
Barandiaran, Agusto
Barazpe, Mikel–P
Barrutia, Juanita
Basabe, Maria Angeles
Batbegia, Juan–P
Beiztegi, Jon
Berrojaietxebarria, Alicia
Bilbao, Francisca
Bilbao, Josefa
Bilbao, Mauricio
Bildurrea, Jontxu–P
Castillejo, Amaia
Castillejo, Kontxi
Castillejo, Ione
Castillejo, Maria Sol
Deba, Mari–P
Dirua, Paula–P
Donostia, Pilar–P
Ebai, Juan–P
Egaña, Gorka
Elosegi, Joseba
Emakume, Sei–P
Erkiaga, Gregorio
Errena, Petra–P
Foruria, Anton
Foruria, Juanita
Garate, Benito
Gaztainaga, Cirila
Gezuraga, Luisa

Elkarrizketatutako lekukoak eta biziraun zutenak

Gezuraga, Pedro
Goitisolo, Fernando
Goizaldea, Sabino
Gorria, Julio–P
Ibarra, Luis
Ibilli, Kontuz–P
Idazlea, Mertxe–P
Idoiaga, Andresa
Idoiaga, Francisca
Iraeta, Federico
Irala, Mercedes
Irratia, Patxike–P
Irudia, Joseba
Itza, Juliana
Izagirre, Fidela
Jaio, Alisa
Labauria, Deunore
Lauzirika, Margarita–P
Lorategi, Andrea–P
Lorea, Miren–P
Madariaga, Uxua
Maguregi, Pilar–P
Makazaga, Josu
Makazaga, Uxua
Mendizabal, Leonore
Mintegia, Anton
Mitxelena, Uxua
Mujika, Lucio
Neskamea, Teodora–P
Ogia, Jon–P
Onaindia, Alberto
Onaindia, Txomin
Ondarru, Santiago–P
Ondartza, Maria–P
Orbe, Julian
Ormaetxea, Maria Fe
Pastor, Faustino
Perez, Andoni
Polita, Etxe–P
Rekalde, Juanita
Rementeria, Trinidad

Rezabal, Iñaki
Sainz, Cruz
Sarasua, Faustino
Sarria, Sofia
Segues, Jose Ramon
Sistiaga, Juan
Ugalde, Martin
Uranga, Tina
Uranga, Juanita
Urgane, Felisa–P
Uria, Sebastian
Uriarte, Kastor
Uribe, Teresa
Urkiola, Luis–P
Urtiaga, Jose Ramon
Uruburu, Angela
Vergara, Antonio–P
Zabala, Juan Migel
Zabaljauregi, Karmen
Ziurra, Rosario–P
Zorrozua, Kontxi
Zorrozua, Luisa
Zumeta, Andresa

Argazki-gehigarria

Irakurleak jarraian ikusiko dituen argazkiak Euskadiko Gobernuak Parisen zuen egoitzara egindako bisitan eman zizkidaten, 1972ko udan. Faustino "Basurdek" eman zizkidan, Saseta Batailoiko Aitzol konpainiako metrailadore baten arduraduna izan zenak eta asteleheneko bonbaketaren aurreko ostiralean Gernikara deskantsatzera bidali zutenak. "Basurde" argazkilari afizionatua zen eta hemen erreproduzitzen ditugun argazki guztiak atera zituen bere kameraz. Eta kamera bera erabili zen bera agertzen den argazkiak ateratzeko ere. Honakoa esan zidan: "Egurtxiki, erabil itzazu argazki hauek beharrezko ikusten duzun modura: ez bakarrik herrian eragindako kalteak erakusteko, baita "eragin ez ziren kalteak" erakusteko ere". Arma fabrikei buruz ari zen. Zilegi ziren helburu militarrak izanik ere, ez zituzten bonbek kaltetu. Era berean, Gernikako Bonbaketari buruzko Dokumentazio Zentroko Ana Teresa Nuñezek utzitako zenbait argazki ere erreproduzitzen ditugu.

Gernika bonbatu zuten eguna

Bonbaketa aurreko igandean, Saseta Batailoiko gudariak Tilos Pasealekutik paseoan. Metrailadoreen konpainia zen eta egun askoz borrokan aritu ostean Gernikan ari ziren deskantsatzen. Aldean daramatzaten makilak euskal dantza tradizionaletan erabiltzen direnak dira; eurak Gernikako herriarentzako dantzatu zuten. Eskuineko gudaria (goian eta behean) Faustino Pastor da, ezizenez "Basurde", eta biharamunean hegazkinen aurka tirokatu zuen metrailadore bakarra erabili zuena.

Saseta Batailoiko gudariak apirilaren 25ean, igandez, Tilos Pasealekuan dantzatzen.

Argazki-gehigarria

Saseta Batailoiko Zarragoitia konpainiako lau gizon. Gernikan zeuden bonbaketa egunean. Gernika bonbatzeko erabili ziren hegazkinen aurka egiteko erabili zen metrailadoreen modukoa da: Skoda. Ezkerretik eskumara: Oiarzabal (ez dakigu izena), ezizenez "Txartxa"; Faustino Pastor, ezizenez "Basurde", metrailadorea muntatu eta bonbaketaren lehenengo orduan maneiatu zuena; Galparsoro (ez dakigu izena) eta Angel Amunarriz, batailoian borrokatu zuten lau anaietako bat.

Jon Beiztegi, Loiola Batailoiko komandantea, 1977an.

Gernika bonbatu zuten eguna

Bonbaketa ia amaituta zegoenean agustindarren atzean zegoen metrailadoreen habiatik ateratako argazkiak dira. Karmele Deuna ospitalea zentroan dago (behean). Agustindarretatik ateratzen ziren eraikinek osatzen duten lerroa (ezkerrean, argazkitik kanpo), Karmele Deuna ospitalea eta Andra Mari eliza oraindik kalterik gabe daude. Gernikako arbola eta Juntetxea Andra Mari elizaren atzean daude, hain zuzen ere.

Argazki-gehigarria

26 gauean, Errenteriaren eta trenbidearen arteko puntutik aterotako argazkia da.

Gernika 26 gauean. Gernikako Bonbaketari buruzko Dokumentazio Zentroko argazkia.

Gernika bonbatu zuten eguna

Seguruenera, Don Tello kalea eta tren-geltokiko plaza batzen diren izkina apirilaren 26an, gauez.

Argazki-gehigarria

Iparraldera, San Pedro kalera, begiratzen duen Artekale kaleko aldea. Eskumatara, garaian banku garrantzitsua izan zen Bilboko Aurrezki Kutxa Munizipaleko hondakinak.

Gernika bonbatu zuten eguna

Seguruenera, lehenengo bonba edo bonbak erori ziren etxebizitzen eraikinaren hondakinak.

Argazkian ikusten den bezala, eraikinetako batzuk erabat suntsitu zituzten.

Argazki-gehigarria

Joseba Elosegi kapitaina, bonbaketaren biharamunean, apunteak hartzen.

Joseba Elosegi kapitaina, bonbaketa biharamun goizean, gudarietako birekin hitz egiten.

Gernika bonbatu zuten eguna

Gernikako antzinako frontoiaren irudia: euskal pilotan eta zesta puntan jolasteko tokia.

San Juan kalea, Errenteriatik gertu.

Argazki-gehigarria

San Pedro, San Juan eta Artekale kaleen elkargunea.

Gernika bonbatu zuten eguna

San Juan kalea, San Juan elizaren aurrean. Erdigunean, ezkerretara, bankua, hornigailua eta iturria ikus daitezke.

Iparraldera begiratzen duen Barrenkale kaleko aldea. Eskumatara, Bilboko Bankuko sarrera.

Argazki-gehigarria

Hegoaldera begiratzen duen Iparragirre kaleko aldea. Arbola, atzeko aldean ezkerretara, babesleku txiki batetik gertu zegoen, zenbait pertsona bizirik atera ziren lekutik gertu. Fabrika bateko tximinia eta eraikina ikus daitezke. Gainontzeko fabrikak bezala, hauek ere ez zuten kalterik jasan.

Gudariak kalterik gabe gelditu zen arma fabrikara begira.

Errenteriara begiratzen duen San Juan kaleko aldea.

Don Tello kaleko plaza txikia. Lehenengo bonba edo bonbak gertuko eraikin batean jauzi ziren.

Argazki-gehigarria

San Juan eliza bonbaketaren ostean. Eliza ez zen inoiz berreraiki.

Ocho de Enero kaleko 8. zenbakia (1882ko urtarrilaren 8a), hegoaldera begiratzen duen aldean, San Juan elizaren atzean.

Asteleheneko pilota partiduak iragartzen dituen kartela. Partiduak ez ziren jokatu, bonbaketaren eraginez.

Argazki-gehigarria

Feriala, Pasilekuko (Plaza de la Unión) iparraldeko partetik ikusita.

Feriala. Atzeko aldean, eskumatara, arkuak ikus daitezke. Pasileku inguratzen duen estalpeko zatiak dira, bonbaketak iraun zuen bitartean jende askok babesa hartu zuen tokia.

San Juan plaza. Txikitutako autoa eta beste hondakin batzuk ikus daitezke. Argazki hau atera zen tokitik gertuko zuhaitz baten azpian igaro zuen bonbaketaren zati handi bat elkarrizketatu nuenetako batek.

Asilo Calzada kaleko eraikinak. Bonbatutako eraikinaren hormetan hutsuneak ikus daitezke.

Argazki-gehigarria

Asilo Calzada kalea. Pasileku ezkerretara dago. Arrien jatetxea azkeneko eraikinean ezkerretara zegoen. Eskuman dauden zuhaitz baxuak Ferialean daude.

San Juan kaleko eraikinak San Juan elizaren aurreko gasolina hornigailuaren parean.

Gernika bonbatu zuten eguna

Fernando Katolikoa antzinako kalearen eta Adolfo Urioste kalearen arteko bidegurutzea.

Mendebaldera begiratzen duen Adolfo Urioste kaleko aldea.

Argazki-gehigarria

Andra Mari elizatik eta Euskal Tabernatik gertu ateratako argazkia da; Ferialera begira ateratakoa. Iturri handia, eskuinean, Gernikako herritarrek Merkurioren Iturria deitzen diotena, beste toki batera lekualdatu zuten beranduago.

Adolfo Urioste kalea. Zuhaitz baxuak Ferialean daude.

Herriaren erdiguneko ikuspegia, Andra Mari elizako kanpandorretik aterata.

Herriaren erdiguneko ikuspegia, Andra Mari elizako kanpandorretik aterata. Gernikako Bonbaketari buruzko Dokumentazio Zentroko argazkia.

Argazki-gehigarria

Manuel Idoiagak Estatu Batuetan lan egin zuen urte askotan eta bonbaketan hil zen estatubatuar bakarra dela uste da. Lumoranzko errepidean zegoen platanondo batean hil zen, Udetxea etxetik gertu; zenbait pertsona gehiago ere han hil ziren.

Sebastian Uria, "Belauntza". Loiola Batailoiko Zarautz konpainiako gudaria. Gaixorik zegoenez, Gernikan egoteko baimena zuen. Uriak Andra Mari kaleko babeslekuan babesteko erabakia hartu zuen. Babeslekua kale estu bat baino ez zen. 40 metro luzeko estalkia zuen eta zutabeen gainean jarrita enborrak zituen. Gainontzeko babeslekuak bezala Kastor Uriartek, Gernikako arkitekto munizipalak, diseinatu zuen. Babesleku honi enborren gainean ezarri behar ziren metalezko plantxak falta zitzaizkion. Bonba biziki leherkorrak jaurtitzean, inguruetako eraikinak babeslekuaren gainera erori ziren. Belauntzaren aieneak entzutean, segituan hasi ziren Saseta Batailoiko gudariak erreskate lanetan. Ospitalera eraman zuten eta Andra Mariko babeslekutik bizirik atera zen bakarretarikoa izan zen.

Argazki-gehigarria

Ezkerretik eskuinera: 1. Eusebio Arronategi aita, San Juan elizako laguntzailea; bonbaketan oso aktiboa izan zen. 2. Bonifazio Etxegarai, bereizgarria zen euskal jakituna. 3. Jose Labauria, herriaren okupazioaren aurretik ihes egin zuen Gernikako alkatea; urte batzuk beranduago atxilotu eta kartzelaratu egin zuten. 4. George L. Steer, *London Times*eko korrespontsala; bonbaketa amaitu eta denbora gutxira heldu zen Gernikara. Bere artikulua *The Tree of Gernika* lanean kaleratu zen eta bonbaketaren gaineko kontakizun gehienen oinarria da.

Astra Unceta arma fabrika. Bonbaketak ez zion kalterik eragin.

Gernika bonbatu zuten eguna

Kastor Uriarte, Gernikako arkitekto munizipala. Autoreari Pasilekuko babeslekuetako bateko sarrera erakutsi zion.

Pasilekuko babeslekuetako bateko antzinako sarrera.

Argazki-gehigarria

Feriala. Autoreak Arrien hotelean hartu zuen ostatu. Argazki hau bertatik aterata dago.

Arrien taberna-jatetxea eta, gainean, hotela. 1977ko argazkia da.

Antzinako euskal gudariak. Gehienak ofizialak izan ziren eta Burgosen ia bi urtez heriotzara zigortuak egon ziren. Urteroko euren batzar klandestinoen ondoren, oraingoan, diktadorea hil eta gero, Gernikako Arbolaren azpian daude, 1977an.

Bilduma honetan argitaratutako lanak

1	El Gernika de Richthofen	Xabier Irujo	2012
2	The Day Guernica was Bombed	Egurtxiki	2012
3	El día que Gernika fue bombardeada	Egurtxiki	2013
4	Memorias de guerra	Joxe Iturria	2013
5	Gernika y otros escritos	Luis Iriondo	2015
6	Gernika bonbatu zuten eguna	Egurtxiki	2017
7	Gernika bombardeada	Xabier Irujo	2017